はじめに

いま「マネジメント」に問題を抱える企業が増えています。

■マネジメントが属人的に行われていて、実態がつかめない
■全社の戦略や方向性が、従業員に伝わっていない
■上司や同僚との関係性を原因とする、従業員の離職が増加している
■経営層や管理職に対する、従業員の信頼が低下している
■数値主体のマネジメントにより、従業員のモチベーションが低下している

こうした話を、一度は聞いたことがあるのではないでしょうか？　このような問題の要因のひとつといえるのが、社会の変化です。

労働人口の減少、働き方改革、インターネット・スマートフォンの普及など、多くの企業がかつてない変化に直面しています。加えて、新型コロナウイルスにより局面が変化し

たことも企業のあり方に多大な影響をもたらしています。

このような流れの中で、旧来の「管理型」のマネジメントスタイルはあきらかに機能不全に陥りつつあります。実際に、会社のあちこちで時代の変化とのミスマッチが起き、多くの経営者はそれをコントロールしきれなくなっているのではないでしょうか。

今こそ、社会の変化に応じて会社や組織のあり方を、あるべき姿にシフトしていくことが求められているのです。そしてそのカギは、新しいマネジメントの概念、

「ピープルマネジメント」

にあると私たちは考えています。

ピープルマネジメントは、上司が部下の仕事の進捗やタスクを管理するかつてのマネジメントとは異なり、「人（従業員）」に向き合うマネジメントを意味します。管理型とは正反対の「自律型」の組織を形成し、人の意欲と能力を１００％引き出すマネジメントスタ

イルです。

ピープルマネジメントは、すでに海外企業では一般的な概念です。グーグル、GE（ゼネラル・エレクトリック）、SAP、アドビ、スターバックスなど多くの企業が導入し、目覚ましい成果を上げています。

また海外企業に限らず、近年では日本企業にもその波は広がっています。SmartHR、フィードフォース、GMOペパボ、dely、ミラティブ、クックパッド、ラクスル、ユーザベースなどの先進的な企業が、人に向き合うマネジメントを実践しているのです。

企業にとって、マネジメントは最重要課題のひとつです。組織の成果を最大化させられるかどうかがマネジメントにかかっています。とはいえ、従来のマネジメントを捨て、ピープルマネジメントを導入することは容易ではありません。定着して実を結ぶまでにはある程度の年月を要しますし、その間も苦労を伴うのは否めません。

しかし、企業を取り巻く環境が厳しさを増す中で、今その第一歩を踏み出さなければ、企業は競争力を失い、危機に瀕することになるでしょう。

一人ひとりが自律的に働き、仕事を楽しんで最高のパフォーマンスを上げる。どのような変化が起きても、成長の歩みは止まらない。そんな強い組織が、ピープルマネジメントによって誕生します。

本書はひと言で言うと、ピープルマネジメントの「取扱い説明書」です。経営者、役員、マネージャークラスの方々にピープルマネジメントについて理解を深めていただき、導入の手引きにしていただきたいと考えています。

なお、本書の執筆にあたっては、RELATIONS株式会社のご協力、ならびにWebメディア「SELECK（セレック）」に事例を提供いただきました。この場をお借りして感謝申し上げます。

2021年6月

株式会社フルート 代表取締役 菊池 裕太

目次

はじめに 3
プロローグ 15

第1章 マネジメントが機能不全に陥った企業は復活できるか ［物語編］

創業11年目、経営者の悩み 21
社員が定着しない原因はマネジメントか？ 23
組織改革、仕組みでマネジメントは改善できる 25
海外では一般的なピープルマネジメント 28
ピープルマネジメントで良い組織をつくりたい 30
企業が抱える問題点 34
目標達成の鈍化、売上の横ばい 36
会社の方向性や目標が不明、モチベーションの低下 39
不満や陰口、社内の雰囲気が悪い 42
エース級社員の離職 45
信頼されていないマネージャー 46
従業員の成功にコミットするピープルマネジメント 48
マネジメント変革のスタート 52

第2章 組織成長のカギは「メンバーの成功」にコミットするピープルマネジメント

なぜ、リペアフルーツ社のマネジメントは機能不全に陥ったのか 58
多くの企業が抱えるマネジメントの悩み 58

マネジメントを変革しなければ、組織の課題は解決しない ― 60

今ピープルマネジメントが必要とされる理由 64

魅力ある組織に優秀な人材が集まる ― 64

エンゲージメントの向上で組織も成長 ― 66

高頻度でライトなコミュニケーションが必要となった ― 68

● **事例：株式会社リクルートホールディングス** ― 70

これまでのマネジメントとピープルマネジメントの違い 72

人に向き合い併走するマネジメント ― 72

従業員が強い時代に変わった ― 74

● **事例：スターバックス コーヒー ジャパン株式会社** ― 77

ピープルマネジメントの効果と成功事例 84

ピープルマネジメントがマネジメントに変化を起こす ― 80

メンバー一人ひとりの成功を導くことで、組織のパフォーマンスも最大化 ― 84

● **事例：SAP SE** ― 86

● **事例：Adobe Inc（アドビ株式会社）** ― 88

● **事例：dely株式会社** ― 91

ピープルマネジメントのカギとなる「3つのイベント」 93

目標設定・管理 ― 95

1on1 ― 96

フィードバック ― 97

- 3つのイベントを軸にすれば、マネジメントを仕組み化できる　98

第2章のまとめとチェックポイント　99

第3章 ピープルマネジメントを導入する前に、知っておきたいこと

ピープルマネジメントの導入に成功するための5つのポイント　102

- ただ「制度」を導入するだけでは、ピープルマネジメントは根付かない　102

1 ピープルマネジメントによって実現したい「ゴール」を決める　102

- 事例：株式会社エイチーム　104
- 事例：株式会社ゆめみ　106

2 社内の納得感を醸成する　108

3 最初はマネジメントの「量」から改善する　110

4 3つのイベントの導入順序は、自社の課題に応じて決める　112

5 「データ」に基づいてマネジメント改善のサイクルを回す　114

第3章のまとめとチェックポイント　117

第4章 ピープルマネジメントのスタート地点「目標設定・管理」

「目標」なくしてパフォーマンス向上はなし　120

- ピープルマネジメントの出発点にある「目標設定・管理」　120

まずは目標の基本を理解しよう　122

- 目的と目標の違い　122
- なぜ目標が必要なのか　123

目標設定において気をつけたいポイント　125

- 「良い目標」とはどのようなものか？　125

1 進捗や達成の可否を、明確に測れる目標であること　126

2 メンバーが、自分の目標に納得感を持っていること　130

3 個人目標の方向性が、会社やチームが目指す方向と一致していること　131

目標管理において気をつけたいポイント　132

- 「良い目標」を立てても、管理できていなければ意味がない　132

1 目標の進捗確認ができる仕組みがあること　133

2 メンバーが日頃から、自分の目標を意識できていること —— 134
3 目標達成に向けたハードルが生じた際に、サポートができること —— 134

目標フレームワークの代表例 MBO・OKR・KPI 136

MBO（Management by Objectives） —— 137
OKR（Objectives and Key Results） —— 138
KPI（Key Performance Indicator） —— 144

目標設定・管理の事例 145

事例 KPIとOKRを組み合わせた独自の目標管理の仕組み［ラクスル株式会社］ —— 145
事例 自社のフェーズに合わせて柔軟に目標制度を設計［株式会社ミラティブ］ —— 148

第4章のまとめとチェックポイント 151

第5章 ピープルマネジメントの潤滑油「1on1ミーティング」

メンバー一人ひとりに向き合って伴走する「1on1」 154

1on1は、ピープルマネジメントを円滑にするイベント —— 154
なぜ1on1が広まっているのか？ —— 155
1on1のメリット —— 155

1on1の運用で気をつけたいポイント　158

- 1on1を実りある時間にするために　158
- あくまでもメンバー（メンティ）側が主体の時間にすること　159
- メンター側がティーチング、コーチング、フィードバックを使い分けること　161
- 組織全体で担保すべき頻度を設定し、徹底すること　163

1on1で使える「質問集」　164

1on1の事例　170

事例　1on1が「人材流出」も防止する!?［デル・テクノロジーズ株式会社］　170

事例　「KPT」のフレームワークで有意義な1on1を実現［クックパッド株式会社］　172

事例　「鼎談」が1on1の質を向上させる［株式会社SmartHR］　174

第5章のまとめとチェックポイント　177

第6章 ピープルマネジメントの終着駅「フィードバック」

「人事評価面談」だけでは、フィードバックは不十分 180

フィードバックは、人の成長をサポートする 180

「評価」と「フィードバック」 181

適切なフィードバックは、チームや個人のパフォーマンスを向上させる 182

フィードバックにおいて気をつけたいポイント 184

フィードバックの「質と量」 184

1 印象論ではなく、事実情報に基づいた質の高いフィードバックを行うこと 185

2 相手の成長につながるフィードバックを行うこと 189

3 フィードバックの質と量を担保する仕組みを構築すること 191

フィードバックの事例 195

事例 「レイティングをしない」成長支援を軸に置く評価制度［株式会社フィードフォース］ 195

事例 「立候補制」の職位制度が個人を後押し［GMOペパボ株式会社］ 198

事例 信頼関係と公平性を重視したフィードバックの仕組み［株式会社ユーザベース］ 201

第6章のまとめとチェックポイント 204

エピローグ 205
エース級の人材に成長 206
誰からも信頼されるマネージャー 208
結局、人が成長して事業も成功する 210
ピープルマネジメントはこれからも続く 212
おわりに 215

プロローグ

この本を手に取った方の中には、ピープルマネジメントについて詳しくご存じない方もいるかもしれません。

先に述べたように、海外では多くの企業がピープルマネジメントを導入し、組織のあり方を大きく変えています。2018年の調査では、すでにピープルマネジメントの市場規模は約180億ドルに達しているとも報告されています（米コンサルティングファーム、デロイトの発表）。

今後、日本企業の組織マネジメントにおいてもピープルマネジメントの導入は加速していくことが予想されます。したがって、ピープルマネジメントの理論と実践ノウハウを学び、先行して組織強化に挑むことは非常に意義のあることといえるでしょう。

本書は、以下の構成になっています。

第1章は「物語編」。マネジメントが機能不全に陥った企業を題材に、マネジメント変革に挑むいきさつをストーリーで展開します。

登場する企業、人物は架空のものですが、必ずしも物語すべてがフィクションというわけではありません。これまで当社で蓄積してきた情報をもとに、多くの企業が直面しがちな組織課題を盛り込んでいます。「うちでも同様のことが起きている……」と感じる人は少なくないはずです。

皆さんにわかりやすく、かつ身近に感じていただくために、ストーリーという形式をとりました。

第2章では、第1章「物語編」の解説や、多くの企業にとって不可欠なマネジメント変革、そのカギとなるピープルマネジメントを詳細に解説します。

なぜ今ピープルマネジメントが必要なのか、ピープルマネジメントを構成する3つのイベント（人事制度）の詳細や、運用に不可欠なスキルや、気になる効果などについて説明します。

そして第3章からは、より実践的な内容に入ります。まずはピープルマネジメントを導入する前に知っておきたいポイントを説明した後、第4〜6章では「目標設定・管理」「1on1」「フィードバック」の3つのマネジメントイベントについて解説します。こちらでは実際の成功事例も紹介しており、具体的なノウハウを学べるのが大きなポイントです。

以上6章とは別に、エピローグも設けています。

エピローグでは、第1章の物語に登場した企業、人物の「その後」を紹介します。ピープルマネジメントが組織に根付いた後に待っている劇的な変化のストーリーです。

では、お待たせしました。

第1章の物語編からお読みください。

物語編

第1章

マネジメントが機能不全に陥った企業は復活できるか

登場人物紹介

リペアフルーツ社 代表取締役社長	**桃井**	現在は従業員数150名となった同社の創業者であり、代表を務める
IT企業代表の 先輩経営者	**栗田**	桃井と若手経営者の会合で知り合い、先輩経営者として経営に関する相談に乗る
リペアフルーツ社 戦略人事部長	**梅宮**	栗田の紹介で同社に入社し、ピープルマネジメント導入の陣頭指揮をとる
リペアフルーツ社 取締役営業本部長	**渋柿**	創業メンバーの一人。創業以来、営業組織を率いる
リペアフルーツ社 元営業マネージャー	**那須**	新卒5年目。営業部に所属し、エース人材として活躍していた
リペアフルーツ社 取締役 コーポレート本部長	**柚原**	創業メンバーの一人。創業以来、コーポレート部門を率いる
リペアフルーツ社 営業リーダー	**高梨**	新卒3年目。営業部に所属し、ネクストマネージャーとして期待される

※第1章、エピローグに登場する人物・団体・企業名・サービス名は架空のものであり、実在の人物等とは一切関係ありません。

創業11年目、経営者の悩み

「ん？　どうした？　浮かない顔をしているな」

桃井は栗田に声をかけられ、講師の話が終わったことに気づいた。若手経営者が定期的に集まる会合の席上。栗田とはこの集まりで顔を合わせ、言葉を交わすうちに懇意になった。桃井より3つ年上でIT企業を経営している。

「ええ……。実はちょっと悩んでいることがあって……」

何か言いたげな桃井。いつもと違って表情は暗い。ただ事ではないのはあきらかだ。栗田は会合後、桃井をいつもの居酒屋へ誘った。もちろん、事情を聞くためである。


桃井が代表を務めるリペアフルーツ社は、企業が所有するIT機器（パソコン、スマートフォン）の修理サービス「修理宅配便．com」を法人向けに展開している。Webサイト上で受付を行い、その後集荷、返送までワンストップでスピーディーに実行することが強みだ。

日本中にパソコンやスマートフォンの修理を行う提携企業があり、基本的にはその提携企業と修理ニーズのある企業とをつなぐマッチング型のビジネスモデルである。

創業2010年。現在11期目を迎え、売上15億円（今期見通し）。従業員150名。

事業が軌道に乗ってきたのは3年目からだ。売上の増加とともに採用人数を増やし、成長が加速した7年目に従業員が100人を超え、直近3年でさらに50人増加。目下、上場を目指しており、社内の体制づくりに取り組んでいる。

ボードメンバーは創業時の3名（代表取締役、取締役営業本部長、取締役コーポレート本部長）に加え、執行役員としてマーケティング、カスタマーサポートをそれぞれ統括する中途入社のメンバーがいる。

従業員150名のうち、最大の組織は顧客や提携先と向き合う営業部だ。それに加えて、マーケティングや開発、物流、コーポレート、カスタマーサポートなど職種ごとに事業部を編成している。

従業員の平均年齢は33歳。5年目から新卒採用を行い、現在は毎年5名ほどが入社している。中途入社では主に法人営業の経験者を中心に採用してきた。

組織階層は、役員→マネージャー→リーダー→一般社員となっている。

社員が定着しない原因はマネジメントか？

居酒屋に到着した二人。ビールで乾杯し、まずは世間話を交わした。すぐに本題には入らず、桃井の気持ちをリラックスさせる栗田の計らいだ。

「では、悩みを聞こうか」

栗田が頃合いを見て投げかけると、桃井は

「実は、リペアフルーツの経営に行き詰まりを感じていまして……」

と打ち明け、話し始めた。

「修理宅配便．ｃｏｍ」は世に受け入れられるのか。いや、きっとうまくいくはずだ――そんな不安と希望を胸に秘めたスタートだった。3名の創業メンバーと数名のアルバイトで船出を切り、必死に営業に駆け回った日々が懐かしい。

事業開始3年目に花開き、首都圏、大都市圏のＩＴ企業を中心に顧客を獲得。いつしか従業員は50人にまで増え、社内は活気に溢れた。目標に向けて一致団結し、誰もが自社の修理サービスを世に広めようと意気込んでいた。

一丸となったリペアフルーツ社は銀行からの資金調達も叶い、成長を加速。右肩上がりで売上を増やし、躍進していったのだ。

「そこまではよかったんです。順調に成長していましたから、経営の舵取りは間違っていなかったと思います」

桃井は自らに問いかけるように語った。栗田は相槌を打ちながら、静かに耳を傾ける。二人は揃って二杯目のビールを注文した。

暗雲が垂れ込め出したのは7年目、従業員が100名を超えた頃からだった。この年を境に、それまで低い水準だった離職率が上昇し始める。数字は年々高まり、直近1年では15%超になった。

新卒で入社してきたメンバーは累計で50%が離職。昨年、新卒一期生で営業部のマネージャーに抜擢した優秀な人材も辞めてしまった。

「何かがおかしい。でも真因はわからない」と、心情を吐露する桃井。

離職率が高まると同時に、事業も不調に陥り始めた。営業部の目標達成はままならなくなり、顧客からのクレームも頻発するようになった。成長の速度はあきらかに鈍化し、右肩上がりだった売上は横ばい。当然、社内の雰囲気は良いとは言いがたく、営業メンバーを中心にモチベーションが下がっている印象だった。

「今は以前のように〝阿吽の呼吸〟で仕事を進められなくなっています。これは経営陣共通の認識です」

昔だったら経営陣が一度音頭をとれば、あとは何もしなくても事業が回っていった。が、そういうわけにはいかなくなってきたのだ。

とはいえ、経営陣は誰も組織まわりに強くないため、解決策は思い浮かばない。より一致団結して多くの人が高いパフォーマンスを上げられる状態をつくり、難局を乗り越えたいと考えている。

「はたしてそれで業績が再び上向くのか。私にはどうもそう思えなくて……。だからといって、これといった手立てがあるわけではないですが……」

組織改革、仕組みでマネジメントは改善できる

話を聞き終えた栗田は、「なるほど……」と口にして腕を組んだ。頭の中で考えをめぐ

らす様子の栗田。桃井は次の言葉を待つ。

「桃井の悩みはよくわかった。きついよな」とやさしく語ったのち、ズバリ指摘した。

「マネジメントの問題だと思う。従業員は150人だったよね？　それくらいの規模になると、組織内の情報伝達が難しくなってくるものだよ。経営陣と現場の思いにズレが生じたり、マネージャーと部下はコミュニケーション不足に陥るんだ。それが離職率の上昇や業績の低迷につながっていく。一方でビジネス環境や時代の変化も少なからず影響している。こういった諸々の問題を解決するには、マネジメント変革が必要だろうね」

「マネジメント変革ですか……」

栗田はなぜ桃井の悩みを理解し、アドバイスできたのか。これには理由がある。栗田も同じ経営者として、かつて桃井と同様の悩みに直面し、乗り越えた経験があったからだ。

「うちも従業員が100名を超えたくらいからマネジメントが機能不全に陥ってね。人は辞めていくし、業績は伸びない。かたやビジネスや雇用情勢などの変化も激しい。どうしたものかと悩んだよ」

今度は桃井が栗田の話に耳を傾ける。栗田の会社は2年前に東証マザーズに上場。業績好調で成長著しい企業としてメディアにも取り上げられていたため、桃井にとっては初めて知る過去だった。

「この状況を打開するには、マネジメント変革をするしかない。もっと言うと、持続的成長に向けた組織の基盤をつくらなきゃいけないと思ってね。で、カギはマネジメントの仕組み化にあると考え、実行したんだ」

「どんな方法で?」

桃井は気になって核心を尋ねた。

「『ピープルマネジメント』さ。聞いたことある?」

初めて聞く言葉に戸惑う桃井。

「その名の通り、人に関するマネジメントなんだけど、特徴は人、すなわち従業員の力を引き出すことに重点を置くことにある。一人ひとりの能力を引き出し、みんなが主体的に行動するよう意欲も引き出す。人の成長によってパフォーマンスが上がり、それが持続する仕組みだから組織として強くなれるというわけ」

海外では一般的なピープルマネジメント

ピープルマネジメントとは、「人に向き合う」マネジメント手法を指す。その最大の特徴は、従来型のマネジメントと比較したときに、「マネージャーが部下に向き合う機会を増やす」ということ。

例えばアメリカではGE（ゼネラル・エレクトリック）、SAP、アクセンチュアといった名だたる企業が従来の「年に一度の評価面談」を廃止し、より高頻度またはリアルタイムのフィードバックへと移行している。世界を代表するコンサルティングファームのひとつ、デロイトの2018年の調査では、ピープルマネジメント市場はすでに約180億ドル規模に達しているというからすごい。

海外企業だけのことではない。近年では日本でもピープルマネジメントを実践する企業が増えているそうだ。

こういった話を栗田から聞き、桃井は、従来のマネジメントでは組織がうまく回らなくなり、ピープルマネジメントが新しい時代のマネジメントスタイルとして注目されていることを感じ始めた。

「うちの会社で導入したのはまず１《ワン》ｏｎ《オン》１《ワン》。マネージャーと部下で行う一対一の対話、ミーティングの場のことね。１ｏｎ１を取り入れて浸透し始めてから、従業員たちは大きく変わった。主体的に仕事に取り組むようになってパフォーマンスが上がっただけでなく、みんな生き生きと働いているのが経営者として嬉しかったよ」

次第に熱を帯びてきた栗田の説明。桃井も元気が湧いてきて、マネジメント変革の必要性を認識し、その手段であるピープルマネジメントに興味を持った。

「でも、何をどう進めたらいいのか……」

桃井からすれば当然の疑問だ。若手経営者の悩みは尽きない。

「俺に任せてくれないか」

栗田の心強い言葉には感謝しかない。先輩経営者として、これまで何度助けてもらったことか。栗田は、学生時代の友人であることを前置きし、もしよかったら紹介したい人がいるんだと話した。

気になるその人は、急成長を果たしたスタートアップ企業で人事責任者を務めた経歴の持ち主。ピープルマネジメントの実践経験があり、海外のピープルマネジメント事例にも明るいという。

「彼ならきっと力になってくれる。話だけでも聞いてみるといいよ」

「ありがとうございます！」

ピープルマネジメントで良い組織をつくりたい

数日後、桃井は会社から2駅離れた駅近のカフェで、栗田から紹介された梅宮と向き合っていた。物腰柔らかく、温和な雰囲気の梅宮。挨拶をかわし、自己紹介するうちに、桃井の緊張は自然とほぐれていった。

桃井は栗田に数日前話したように、リペアフルーツ社の置かれている状況と、自身のモヤモヤした気持ちを伝えた。

加えて栗田から助言を受け、マネジメント変革の必要性を認識したこと、ピープルマネジメントに興味を抱いたことを説明した。

桃井の話に熱心に耳を傾けていた梅宮。その表情から、事情は十分理解されたようだ。梅宮が口を開く。

「『今の組織の負を解消したい。もっと良い組織にしたい！』という願いは、経営者に共通するものだと思います。問題はそれをどうやって実現するかです」

落ち着いた声で語る梅宮。冷静に物事を進められるタイプなのかもしれない。

「ネットを検索してみると、評価制度、組織サーベイ、HR Techなど、様々な手段が溢れています。これだけ多くの手段があると、マネジメント変革を考えるほうは、一体どこから手をつければいいんだと悩んでしまうでしょう」

その通り、と桃井はうなずいた。

「もし、自分の会社が、『社員が定着しない』『マネジメントが機能していない』『現場のモチベーションが低い』といった問題を抱えていた場合、桃井さんであればどうやって解決しますか？」

いきなり問われて答えに困る桃井。まさに自社の状況そのものだったからだ。

代わりに梅宮が説明を続ける。

例えば、社員の離職率を下げるため、「福利厚生を充実させる」といった具体的な施策を実行するのも解決策のひとつだが、その前にやるべきことがあるという。

「問題の分析です」

「社員が定着しない」という問題の背景には、「福利厚生などの待遇がよくない」「評価に納得感がない」「入社後のギャップが大きい」などの様々な理由が考えられる。このように理由を分解した上で、解決するとインパクトの大きい問題を特定することができると梅宮は語る。

「では、『入社後のギャップが大きい』よりも『評価の納得感がない』という問題のほうが大きかったとします。ここで『みんなが納得できる評価制度に変えていこう』となりがちですが、いかがですか?」

桃井もそう思っていたが、評価制度を変えるのはよくないということか……。

「これはよくあるミスですね。実際に、評価制度を変えようと四苦八苦している企業はかなり多いと思います」

「だとしたら、どうするのが正解なのでしょうか?」

桃井の問いに、梅宮が解説する。

「評価の納得感がない」という問題に対しては、

■ 評価制度が組織の実態に合っていない
■ 上司が適切にフィードバック・評価を伝えることができていない
■ 評価のための材料（事実情報）が日頃から収集できていない

などの要因が想定されるという。

「こちらが真因でしょう。ですから、ただ評価制度を変えても根本的な解決にならず、納得感は得られないわけです」

そして正解を語る。

「そもそも必要なのは、『従業員一人ひとりの成功にコミットするマネジメント』です。今、御社のマネージャーはどのくらい部下と面と向かって、しっかりとコミュニケーションをとっていますか？」

梅宮の問いに対し、桃井は考えてみたが、改めてそう聞かれるとマネージャーと部下がしっかりと向き合う機会を持てているだろうか？　もちろん日々の雑談や業務上の会話はあるだろうが、しかし……。

「それで言うと、しっかりと向き合っているのは年に一度の評価面談の機会くらいかもしれません……」

「そこなんです。それでは従業員のモチベーションが下がっていくのも当然と言えるのではないでしょうか」

梅宮が畳みかけるように続ける。

「ピープルマネジメントにおいては、何よりも部下と向き合うことを大切にします。実際に、対話の頻度を増やし質を少しずつ高めていくんです。そうして〝人〟に向き合い、共に歩むマネジメントスタイルを実行すれば、組織のひずみをもたらす諸々の問題が解消される。従業員のエンゲージメント（※）やモチベーションが上がり、結果、パフォーマンスも向上するという好循環を生む。それがピープルマネジメントなんです」

※従業員の会社に対する愛着度を表す指標。第2章で後述（66p）

企業が抱える問題点

梅宮の話を聞き、俄然、ピープルマネジメントへの興味が高まってきた桃井。

しかし、梅宮は桃井に釘を刺す。

「ピープルマネジメントを導入したからといって、すぐに成果が出るわけではありません。組織に根付いて成果を上げるまでには時間がかかります」

「一朝一夕にはいかないわけですね」

「ええ。『いざ1on1を始めたけれど、うまくいかなかった』ということもあり得ます。一方で、新たな仕組みの導入に抵抗する人も出てくるでしょう」

考え込む桃井。マネジメント変革はやはり一筋縄ではいかない。

「といっても、何も手を打たなければ組織は衰退し、競争力を失って生き残れません。であるならば、マネジメント変革に臨むべきだと思います」

気づけば2時間あまりが過ぎていた。桃井は梅宮の話に引き込まれ、発言の数々が胸に刺さった。梅宮は最後にこんなアドバイスを残して去っていった。

「一度、経営陣や現場で働く一般社員の方に話を聞いてみてはいかがでしょうか？　頭でいろいろ考えるだけでなく、生の声をヒアリングすれば、組織の問題点がもっと見えてくるはずです。どこの会社でもそうですが、経営陣と現場の人間では意見や思いにギャップがあるものです。両者の言い分を聞いて真相を見極めることも大切だと思います」

そうかもしれない。自分は組織の問題点を正確に把握できていない。腰を落ち着けてヒアリングしてこなかったからだろう。よし、経営陣と現場の人間に話を聞いてみよう。桃井はそう強く心に誓った。

目標達成の鈍化、売上の横ばい

その後、仕事に追われる日々を過ごしたが、桃井はヒアリングの場を設定することを忘れなかった。とはいえ、それなりに時間を取らなければならない。キーパーソンに絞ってヒアリングすることとし、まずは取締役営業本部長の渋柿に話を聞くことにした。

渋柿は創業メンバーの一人。創業時からこれまで苦楽をともに過ごし、会社を成長させてきた。長い付き合いのため、気心は知れている。多少横柄なところはあるものの、熱血漢で面倒見のいい性格だ。

社内の一室に入るとすでに渋柿が待っていた。待たせたことを詫び、最近の営業部の取り組み、監督するマネージャーの様子から尋ねた。

「『修理宅配便．ｃｏｍ』の新規顧客開拓は芳しくなく、既存顧客の契約解除も一定数見られます。営業部としては苦戦続きの状況で、部の目標数字を達成することができていません。このことは社長もご存じかと……」

十分承知していた。低迷する業績に表れているから当然である。

「新規顧客獲得にもっと力を入れ、提携企業についてはフォローをきめ細かく行う。マネージャーにはそうはっぱをかけ、リーダーへの指示も徹底するよう伝えてあります。ただ、昔のようにすぐに成果を得られないのが実状でして……」

肩を落とす渋柿。マネジメントが効かないというわけだ。

桃井は話題を変え、営業部内の雰囲気について質問した。売上が横ばいで営業部員のモチベーションが下がっていると感じていたため、実際のところはどうなのかを知りたかったからである。

「確かに、明るく活気のある感じではありません。でも、暗く落ち込んでいるわけでもありません。全社会議などで目にしておられるように、営業部は和気あいあいのムードですから。チームワークに問題なく、みんな頑張っていますよ」

渋柿は自信満々な様子で説明するが、その言葉を信じていいのか……。

桃井には気がかりなことがあった。昨年、会社を去った営業部マネージャーの那須のことだ。前述した通り、創業7年目から離職率が上昇に向かい、離職者が目立ち始めた。新卒一期生の彼も、在籍5年目でその一人となってしまったのである。

桃井は那須に一目置いていた。常にトップクラスの営業成績を上げ、会社の利益に大きく貢献してくれていた。一方でマネージャーとして部下をフォローし、部員からの信頼も厚い。まさしくエース社員といえる逸材だった。

それが突然の退職。将来の幹部と期待していただけに、落胆は大きかった。引き留めるために桃井自ら面談を繰り返したが、結局、力及ばずだったのだ。

桃井は改めて渋柿に問うた。

「那須の退職をどう捉えている？　那須は退職理由を『やりがいを感じられなくなった』と言ったが、本当のところはわからなかった。何が問題だったと思う？　同じ過ちを繰り返したくないんだ」

思案する渋柿。しばらく沈黙が続いた。そして——。

「私にも那須が辞めた理由はわかりません。マネージャーという立場で仕事はハードだったと思いますが、チームをまとめ、成績もよかった。周囲の期待からプレッシャーを感じていたかもしれませんが、前向きに頑張っていた印象です。ただただ残念というしかないですね……」

以後、渋柿は口をつぐんだ。重苦しい空気が場を包む。もうこれ以上情報は得られないだろうと判断し、桃井はヒアリングを終了した。

会社の方向性や目標が不明、モチベーションの低下

次に話を聞いたのは取締役コーポレート本部長の柚原。女性取締役である柚原も創業メンバーの一人だ。人事、経理、広報、経営企画など管理系部門をまとめ、会社そのものを支えていく役割を担ってもらっている。頭がキレて、分析力、判断力に定評がある。

柚原を一室に迎え、コーポレート本部長の目線から現状認識を尋ねた。

「直近3年の売上は、12億、15億、今期の見通しは15億円です。業績が好調に推移していた頃に比べると、厳しい数字です。社長も重々承知かと思いますが、離職率の上昇が生産性の低下を招き、成長スピードが落ちているのは否めないでしょう」

桃井自身、離職率の増加に歯止めがかからないのは深刻な事態と受け止めている。とくに新卒入社の離職率が累計で50％に達しているのはあきらかに高い。

しかし、桃井には肝心の原因がはっきり見えていない。柚原は離職率増加の原因をどのように考えているのか。

「若手の離職理由は、一般的に、仕事に対する理想と現実のギャップ、労働環境への不満、職場の人間関係などが挙げられます。当社の場合もこれらの理由があてはまるのではないでしょうか」

「具体的には？」

意見を促す桃井に対し、柚原は自らの見解を述べた。

従業員が100人を超えた頃から、営業部のマネージャーの負担は増大した。一人あたり10人から15人の部下を抱えるようになっている。マネージャーはハードな仕事を強いられ疲弊していくばかりで、その下のリーダーも育っていないのではないかという柚原。初めて耳にする辛辣な指摘だった。

「このような環境下だと本来の力を発揮するのは難しく、嫌気がさして辞める人が増えるのも不思議ではないと思います」

うなずく桃井を見て、柚原は続ける。

「加えて、マネージャーのスキルや経験にばらつきがあるように感じます。このことも離職率に関係しているのではないでしょうか。人によっては部下からの信頼を得ることができず、マネージャーとの確執から部下が退職するケースも少なくないと耳にしています」

組織が大きくなるにつれて、社内の状況は把握しづらくなっていくもの。とはいえ、把握すべき問題を見過ごしていたら、組織の大小関係なく、経営が立ち行かなくなることも考えられる。桃井は柚原の話を聞きながら、自らを戒めていた。

柚原はさらに採用コストについて言及した。

「離職率の高まりに伴い、求人募集など採用にかかるコストが増えています。入社後、新人社員の教育にもコストはかかります。離職率がこのまま改善されなければ、そういった採用、教育コストが経営を圧迫するレベルになりかねません」

確かに、採用コストが増えるのは痛手だった。なんとかして離職率に歯止めをかけなければならない。柚原からのヒアリングを終え、桃井は問題点が少しずつ浮き彫りになってきたことを実感した。

不満や陰口、社内の雰囲気が悪い

最後のヒアリング相手は営業部リーダーの高梨。新卒3年目、ネクストマネージャーとして期待している人材だ。真面目に仕事に取り組み、周囲からの信頼も厚いことから、現場の真の情報を聞くため選んだ。

一方で、桃井には別の思惑もあった。高梨の以前の上司は、桃井が引き留められなかったマネージャーの那須だった。高梨と那須は歳が近いこともあって仲が良かった。那須の指導を受けて高梨は能力を開花させ、その成長を那須も喜んだ。それが突然の退職となってしまったわけだが、高梨なら本当の理由を知っているかもしれないと思ったのである。

高梨は緊張の面持ちで一室に入ってきた。無理もない。桃井の会社ではリーダークラスが経営者と一対一で話す機会は多くないからだ。まずは雑談で高梨の緊張をほぐしたのち、現場の雰囲気を尋ねた。

「部の目標数字を達成できず、士気は多少下がっているかもしれませんが、和気あいあいなムードです。みんな頑張っていますし、チームワークも良いと思います」

角度を変えて同じことを聞いても、高梨は「雰囲気は悪くない」の一点張り。営業本部長の渋柿と同様の答えだった。

言う通りであれば心配はいらない。しかし、高梨の口調に引っかかりを感じたため、桃井は自らの思いを打ち明けることにした。

「うちの会社は今、組織がうまく機能していない。組織の機能に狂いが生じると、事業にも悪影響を及ぼすようになる。最悪の場合、会社の存続が危ぶまれるかもしれない。そこで、マネジメント変革の必要性を感じているんだ。この危機を回避するには、第一に組織の状態を正確に把握しなければならない。だから正直に話してほしい」

真剣なまなざしで高梨を見据える桃井。二人の間に沈黙が流れる。そして、高梨が腹を決めた表情を見せ、口を開いた。

「わかりました。私も働きやすい組織を望んでいます。私が見聞きしたこと、感じていることを正直にお話しします！」

以降、高梨が語ったことは、桃井が知らないことばかりだった。

「営業部は和気あいあいで、チームワークも良さそうに見えますが、それは表面上のことです。実際には部内にいくつかの派閥ができていて、派閥争いや足の引っ張り合いも起きています。この不毛な争いが、部の成績が伸び悩んでいる要因のひとつといえるでしょう」

経営陣との認識の違いはあきらかだった。企業内で派閥がつくられるのはよく聞くが、「うちは仲が良いから無縁」と桃井は勝手に思っていた。

高梨が指摘したのは派閥の問題だけではない。

「言いづらいことなのですが、飲み会などで経営陣に対する不満も出ています。これは営業部だけの話ではなく、他の部署も同様だと思いますが」

「どんな不満なのだろうか？」と、問う桃井。

「社長のビジョンや考えに共感して入社する人は多いんですけど、いざ働き始めると現実は理想と異なる。そのギャップに苦しみ、不満となるのだと思います。個々の社員の言い分が全部正しいわけではないですが、経営陣は現場のことをわかっていないとぼやく声はよく耳にします」

正当な不満かどうか見極める必要はあるにせよ、不満が募れば会社を去ることになるのは必然の流れだろう。

エース級社員の離職

気になるのはマネージャー那須がリペアフルーツ社を辞めた本当の理由だ。高梨は真相を知っているのだろうか。

「那須さんは尊敬できる先輩でした。営業力が高く、自身の成績をつくりながら、私や他の部員の面倒を見ることも怠らない。会社の成長に貢献していましたし、これからもっと活躍していくと思っていました」

桃井も同意見だった。だからこそ引き留めたのだ。

「那須は多くを語らなかったが、何か深い理由があって会社を去るという選択をしたはずなんだ。思い当たることはないだろうか？」

思案する高梨。桃井は答えを待った。

「プレイングマネージャーの那須さんは常に忙しく、休む暇もない感じでした。辞める直前は、私たち部下のフォローまで手が回らない状態でしたし……。業務範囲が広く、責任も重くのしかかる。精神的にも肉体的にもきつかったのだと思います」

実際、高梨と二人で飲んだ席で、愚痴をこぼすこともあったという。

「とくに評価制度について不満をもらしていました。うちの目標管理制度の場合、目標設定後、評価は1年に一度。ビジネスの現場は日々状況が変わるのに、固定された目標に縛られて成果を出していかなければいけないとこぼしていて……。1年に一度しかない評価面談で人事評価が下されるのも、成績が良かった那須さんにとっては納得できない様子でした」

那須には相当な負荷がかかっていたのだろう。にもかかわらず、評価に納得感がないとなれば、仕事が嫌になっても不思議ではない。あるいは、給料への不満を抱えていたのかもしれないし、自分の将来像が描けなくなってしまったのかもしれない。もうどうにもならないが、桃井は那須の気持ちを慮《おもんばか》った。

信頼されていないマネージャー

「もうひとつ、社長にお伝えしておきたいことがあるのですが……」

突如改まったと思ったら、なぜか言いよどむ高梨。何か訳ありなのだろう。桃井は「ぜひ聞かせてほしい」と背中を押した。

「那須さんの直属上司である渋柿営業本部長のことです。実は那須さんは渋柿本部長からパワハラ的な言動を受けていたようなんです」

まさか渋柿がパワハラとは……。信じがたいが、事実なのだろうか。

「渋柿本部長ご本人はパワハラという意識はなく、那須さんに対する愛のムチだったのかもしれません。でも、那須さんは渋柿本部長のキツイ言動に苦しんでいました。それも退職の大きな理由だったと推測します」

最後の告白は驚きだった。平静を装いつつ、勇気を持って教えてくれたことに感謝を述べた桃井。高梨は心なしかすっきりした顔で部屋をあとにした。


これでヒアリングはすべて終了。桃井は、大きな収穫を得たことを実感する一方、もっと早くこういう機会を持つべきだったと後悔した。

もはや一刻の猶予もない。マネジメント変革を急いで実行しよう。桃井の心には揺るぎない思いが募っていた。

しかし、私の力だけでマネジメント変革を先導していくのは難しい。サポート役が必要になるだろう。誰か頼れる人物はいないものか……。

(そうだ、あの人にお願いしてみよう!)

桃井の頭に浮かんだのは梅宮だった。マネジメント変革の経験は申し分ない。梅宮ならピープルマネジメントの導入を任せられる。すぐさま桃井は行動を起こした。

その後、梅宮をヘッドハンティングして自社に迎え入れ、戦略人事部長の役職でマネジメント変革を一任した。続けて、現場の協力も必要と考え、高梨をマネージャーに昇進させピープルマネジメントを推進していく役割を担ってもらうことにした。

あとは、経営陣にマネジメント改革の必要性を理解してもらい、ピープルマネジメントの導入を納得してもらわなければならない。そのことを話し合う経営会議には、戦略人事部長梅宮、そしてこの度晴れてマネージャー就任が決まった高梨も参加するよう伝えてある。経営会議は3日後だ。

従業員の成功にコミットするピープルマネジメント

経営会議当日。社内会議室には、営業本部長渋柿、コーポレート本部長柚原など経営陣のほか、戦略人事部長梅宮、新マネージャー高梨といういつもとは違う顔ぶれが集結した。そして、何か起こりそうな空気が漂う中、定刻となって経営会議が始まった。

会議の冒頭で、桃井は今の経営状況に危機感を抱いている自身の思いを吐露した。

「現在、当社の業績は低迷し、離職率は増加という厳しい局面にあるのは皆さんご存じだと思います。この状況を一刻も早く改善しなければなりません。今回そのために社内ヒアリングを実行し、貴重な意見を得ることができ、問題の根が組織のマネジメントにあると確信しました」

静まり返る会議室。桃井はみんなを見渡し、続けた。

「ひと言で言えば、マネジメントが機能していない。むしろ、弊害になっているといえるでしょう。組織に成果をもたらすはずのマネジメントに問題があることで、業績の低迷や離職率の増加を引き起こしている。また、従来のマネジメント手法が、今の時代にはミスマッチだということも考えられる。そこで急務なのがマネジメント変革です。具体的には、新たなマネジメントの仕組みを導入するべきだと考えています」

ひと呼吸置き、「皆さんのご意見はどうですか？」と投げかける桃井。すると、柚原が口を開く。

「私もマネジメント変革の必要性を感じます。先日も社長にはお伝えしましたが、現状、営業マネージャーに負担がかかり過ぎている。これではマネジメントが機能せず、弊害を招くのは必然だと思います。一方、離職率の高まりで採用コストが増え、経営を圧迫しかねないのも忘れてはならない問題です」

渋柿が続けて意見を述べる。

「マネジメント変革に異論はありません。私自身も、営業部でマネジメントが効かないことを痛切に感じていますから。で、その方法、新しいマネジメントの仕組みとはどんなものなのでしょうか？」

桃井は再びみんなを見渡し、

「ピープルマネジメントを導入したいと思っている」

と明言。そして梅宮に目を向け、「詳しい説明は梅宮さんから」と指示した。

「では、ピープルマネジメントについて説明させていただきます」

梅宮の大きな声が室内に響き渡る。

「従業員一人ひとりに向き合い、その成功にコミットすること。〝人〟のマネジメントに重点を置き、組織の成果の最大化を目指すのがピープルマネジメントです」

明解に語る梅宮。みんな静聴して聞く構えだ。

「当社の場合、マネジメントによって、人ではなく、その人の持つ〝仕事〟を管理してしまっています。これが何よりの問題で、数字を上げることに偏重したマネジメントに陥っているのです。ゆえに組織にひずみが生じ、業績の低迷や離職率の増加ということが起きています」

ここで渋柿が「でも……」と口を開く。

「数字を上げることを目指すのは当然ではないでしょうか？　悪いことではないと思いますが……」

梅宮は、うなずいて答える。

「もちろん、数字を上げるのは重要です。数字だけに縛られるマネジメントが好ましくないんです。マネージャーから数字、数字と言われたら部下にプレッシャーがかかるし、モチベーションも下がる。仕事にだって嫌気がさしてきますよね？」

そこで切り替えるべきなのがピープルマネジメントという手法。前述したように、ピープルマネジメントの特徴は人のマネジメントに重点を置くことだ。

「人に向き合うマネジメントを徹底すれば、働く人のエンゲージメントやモチベーションは上がっていきます。それが結果的に組織を強くし、パフォーマンスの向上や社員の定着をもたらすようになるのです」

マネジメント変革のスタート

会議メンバーのピープルマネジメントへの関心が高まる中、柚原が「どのように導入するのか」と実際の運用法について尋ねた。

「従業員一人ひとりに適切な目標を設定し、その達成に向けて伴走型の支援を行い、成果に対するフィードバックをする。これを高頻度の周期で回していくマネジメントスタイルになります」

梅宮がホワイトボードに図を描いて説明を始めた［図表1］。

簡潔に説く梅宮。ただマネジメントをする側の負担は以前よりあきらかに増す。相応の時間も割かなければならない。場は突如ざわつき始めた。

空気を変えるべく、桃井が声を上げる。

「ピープルマネジメントを導入するのは容易ではありません。定着させるのもひと苦労だと思います。しかし挑まなければならない。マネジメントを変革しなければ業績回復は叶

〔図表1〕ライトで高頻度なマネジメントへ

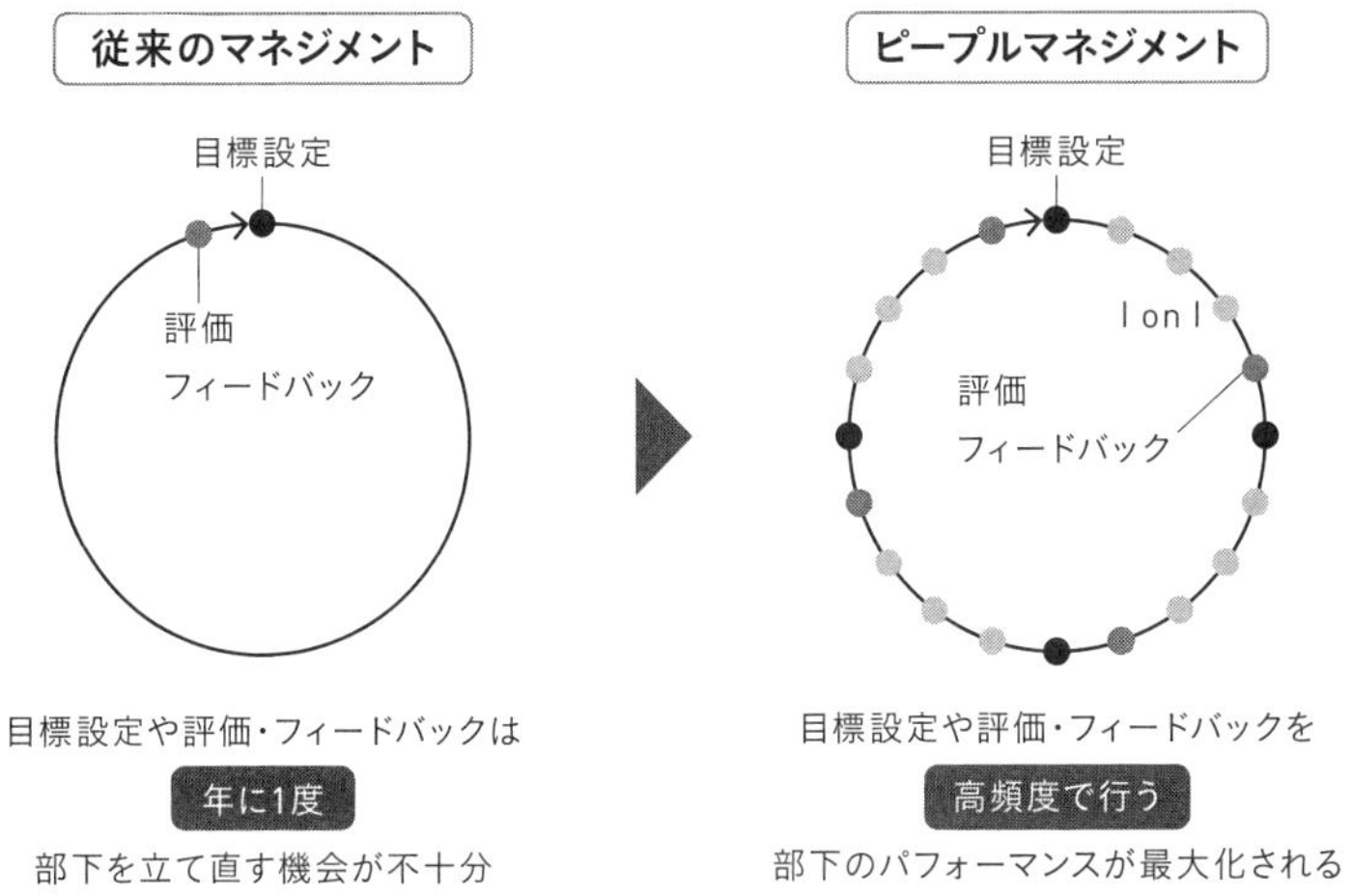

わず、成長を望むこともできない。当社はそんな危機的状況にあると考えています」

　誰も言葉はない。ざわつきは消えた。

「私は、企業にとって『人は競争力の源泉である』と考えています。人＝従業員一人ひとりです。人のクオリティーが落ちればお客様に提供するサービスの質も落ちる。結果、顧客満足度は下がり、売上も落ちてしまう。ですから、優秀な社員が会社を辞めていくというのは会社にとって大きな痛手となるわけです」

　みんなが桃井に視線を注ぎ、その話に聞き入る。

「ピープルマネジメントは人の成長を支援

するための仕組みです。それによってお客様に提供するサービスの質が高まり、顧客満足度やパフォーマンスは上がっていきます。優秀な人材が集まる組織は強く、持続的な成長が望めるのです」

思いを語りつくした桃井。いよいよ賛否を問うときだ。

「では、皆さんにお聞きします。ピープルマネジメントの導入に賛同いただけますか?」

沈黙を破ったのは柚原だった。

「私は社長の考えに賛成です。今こそ持続的成長に向けてシフトすべきでしょう」

続いて高梨が声を上げた。

「私も社長の考えに賛成です。若手社員の潜在的な能力を潰さないためにも、マネジメント変革が急務だと思います」

柚原、高梨の賛同から、そうだ、よしやってみようというムードに。熱気に包まれる中、満場一致でピープルマネジメント導入が決定した。

経営会議は無事終了。あとは前に進むのみ。もう迷う必要はない。

戦略人事部長の梅宮がピープルマネジメント導入の陣頭指揮をとり、現場ではマネージャー高梨が運用面をサポートする。長い道のりになるかもしれない。でも、マネジメント変革を成功させてみせる。桃井の心は希望に満ちていた。

こうして、リペアフルーツ社の挑戦が始まったのだ――。

第2章

組織成長のカギは「メンバーの成功」にコミットするピープルマネジメント

なぜ、リペアフルーツ社のマネジメントは機能不全に陥ったのか

多くの企業が抱えるマネジメントの悩み

第1章の物語編、いかがでしたか？　皆さんの会社がリペアフルーツ社に近い状態だったとしたら、組織改革を急がなければなりません。

なぜ、リペアフルーツ社ではマネジメントが機能しなくなってしまったのでしょうか。

同社が抱える問題を整理すると、大きく次の6点が浮かび上がります。

❶エース級社員の離職者の増加・新卒社員の離職率が高い

❷目標達成の鈍化

❸成長速度の鈍化、売上が横ばい

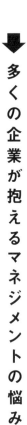

❹会社の方向性や目的がわからず、現場のモチベーションが低下
❺周囲に信頼されていないマネージャーがいる
❻不満や陰口が多く、社内の雰囲気が悪い

問題にはそれを引き起こす原因が潜んでいます。❶〜❻の問題の原因は何なのか。それぞれマネジメントの観点から深堀りすると、答えは次の6つです。

❶会社に対する愛着度や、信頼度が下がっている
❷目標設定のプロセスが最適化されておらず、誰が何をしたらよいかわからない状態にある
❸従業員のパフォーマンスを100%引き出せていない
❹会社が目指すことや戦略が現場レベルまで伝わっていない
❺マネジメントのレベルが低い、もしくは昔のまま
❻社内に適切なコミュニケーションパスが設計されておらず、経営と現場、または上司と部下の間に溝が生じている

このようなマネジメントの問題点、背景に潜む負の要因は、どこの会社でも一つや二つ当てはまる事柄があると思います。

とはいえ、何の対処もせず、放置しているケースが多いはずです。「よくある問題。いたしかたない」と捉えているのかもしれません。

しかし、そうした小さな綻《ほころ》びを放置すると、いつのまにか綻びは広がっていき、修復できない状態になります。業績の悪化や離職率の上昇に歯止めがかからないなど、立て直しが難しくなってしまうのです。

マネジメントを変革しなければ、組織の課題は解決しない

組織の課題を解決するためには、新しい人事制度を立案する、福利厚生を整備するなど、様々な打ち手が考えられます。しかしその中でも、まずはマネジメントを変革することが何よりも重要になります。

なぜでしょうか。ひと言で言えば、マネジメントは組織を流れる「血脈」のようなものだからです。組織が大きくなるにつれ、経営者がその隅々にまで目を行き届かせることは

難しくなっていきます。そこで、マネジメントが経営と現場をつなぐことで、企業の一体感を醸成《じょうせい》し、その成長を支えるのです。

マネジメントが正しく機能していなければ、経営や人事がいくら組織づくりに関する施策を実行しても、現場への落とし込みの時点で失敗してしまいます。そしてまた、新たな組織課題が生まれ続けるという負のループに陥るでしょう【図表2・3】。

また、マネジメントが大きな経営インパクトを生み出すことは、以前から各所で発表されています。例えば2012年にSociety for Human Resource Management（米国人材マネジメント協会）が発表したレポートによると、効果的なパフォーマンス・マネジメントは下記のような経営インパクトをもたらすそうです。

■ 50％の離職の減少
■ 10～30％の顧客満足度の向上
■ 40％の従業員コミットメントレートの上昇
■ 純利益の倍増

〔図表2〕望ましくないマネジメントが行われている組織

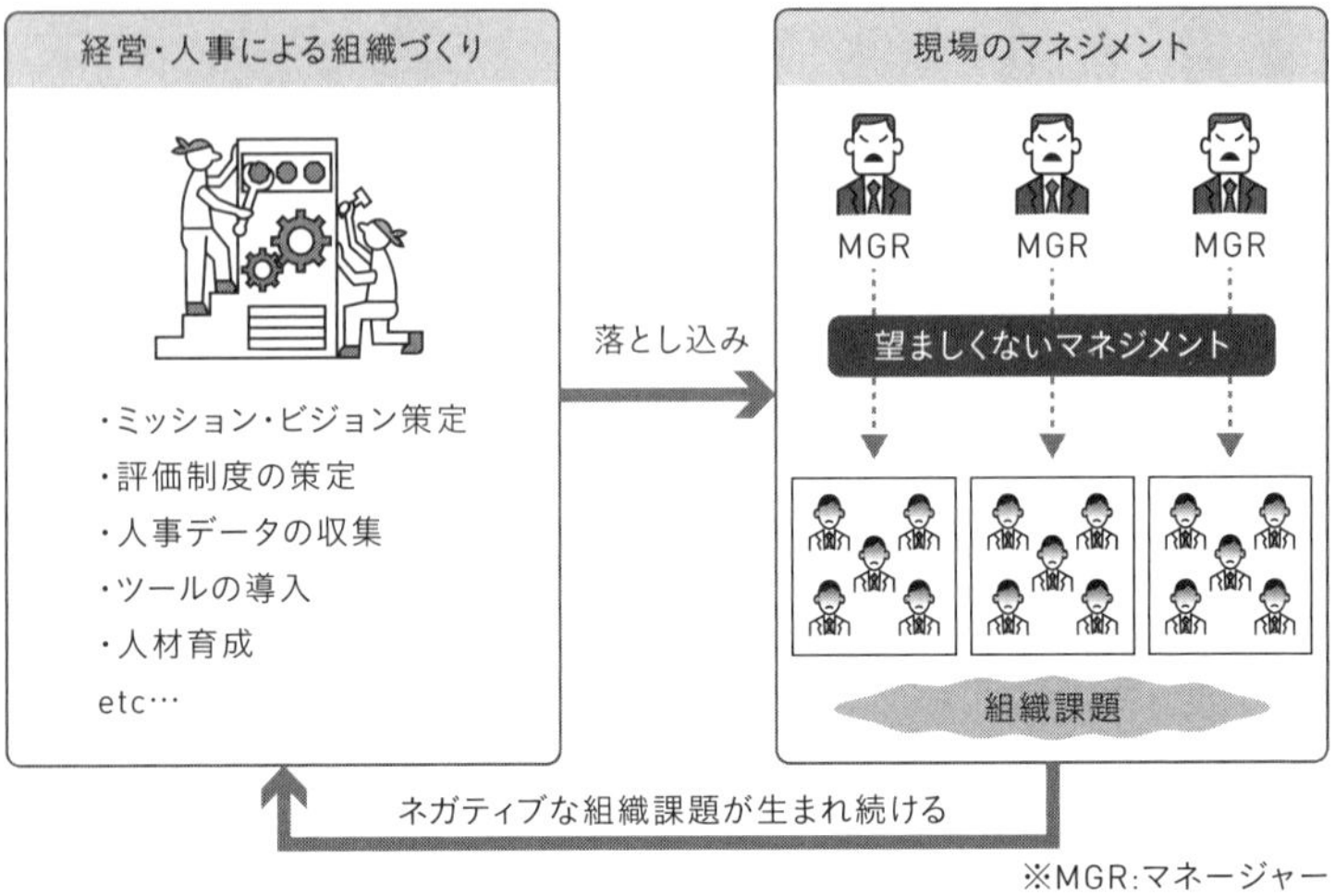

〔図表3〕望ましいマネジメントが行われている組織

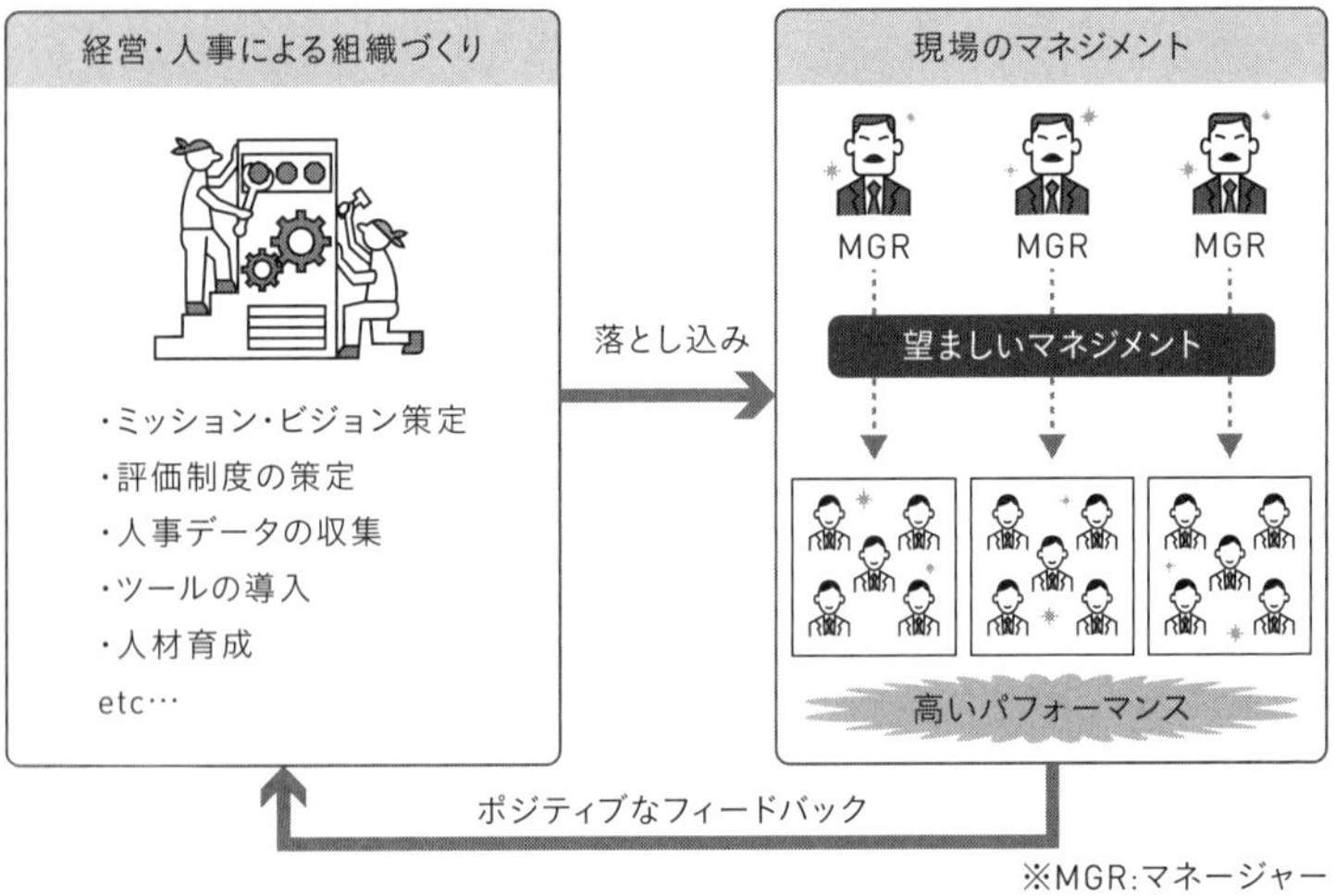

このように、マネジメントが組織にもたらす影響は非常に大きいにもかかわらず、多くの日本企業は未だ前時代的なマネジメントから脱却できていません。その状況を打開するための打ち手が、ピープルマネジメントなのです。

今ピープルマネジメントが必要とされる理由

➡魅力ある組織に優秀な人材が集まる

近年、ピープルマネジメントは世界的に注目を集めています。その背景にあるのは、企業を取り巻く環境の変化です。

具体的には、

- 「VUCAワールド」と呼ばれる、市場環境の変化が激しい時代
- 人材や考え方の多様化
- テクノロジーやインターネットの発展
- グローバリゼーション
- 生産性や効率に対する意識の向上（日本でいう「働き方改革」）

といったことが挙げられます。

こうした変化により、企業で働く従業員には次のような悩みが出てきました。

■今の会社で、世の中に通用するキャリアを描けるか
■若いうちにスキルを身につけたいが、どうすればいいのか
■自分の仕事は、会社や世の中の役に立っているのか
■自分は正しい評価をされているのか
■自分の会社は、他の会社に比べて遅れているのではないか

また、日本においてはとくに、生産労働人口の減少が大きな問題となっています。

パーソル総合研究所の調査によると、2030年には7073万人の労働需要に対し、6429万人の労働供給しか見込めず、644万人の人手不足になると試算されました。

人手不足が予測されるのは、サービス業や医療・福祉、卸売・小売、製造業など幅広い産業です（パーソル総合研究所「労働市場の未来推計2030」）【図表4】。

〔図表4〕労働力人口の未来予測

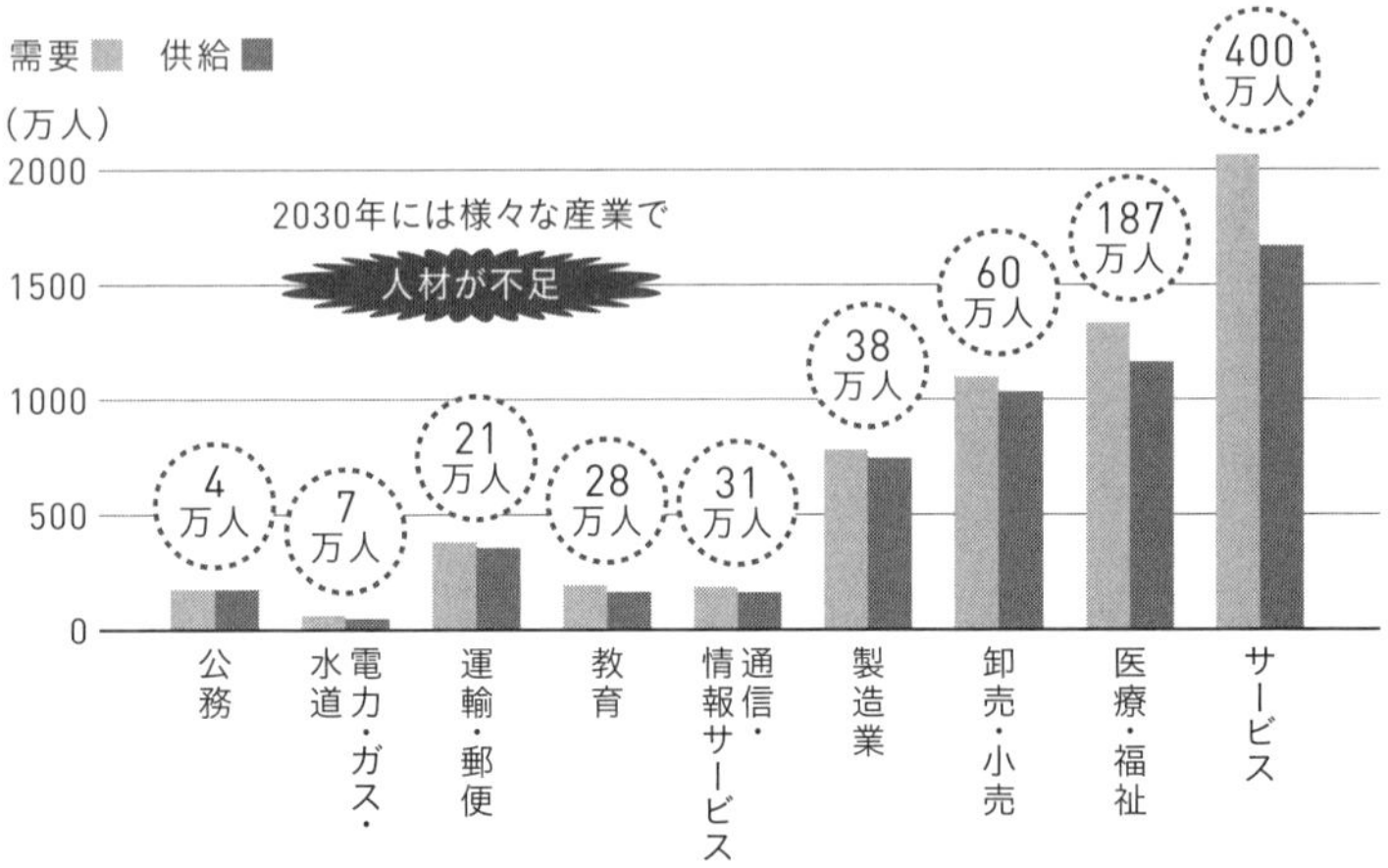

出典:パーソル総合研究所「労働市場の未来推計 2030」を参考に作成

企業にとって「人」は、今後、より一層稀少な経営資源となります。結果的に、企業はこれまで以上に「優秀な人材をひきつける魅力ある組織づくり」に注力する必要が出てきたのです。

➡エンゲージメントの向上で組織も成長

このような状況下において、企業が重要視しなければならない指標があります。それは、従業員の組織に対する愛着の度合いを表す「エンゲージメント」です。

2018年、アメリカの調査会社Gallup(ギャラップ)社が、企業データベースからエンゲージメント上位25%と下位25%の企

〔図表5〕エンゲージメントの向上で組織が成長する

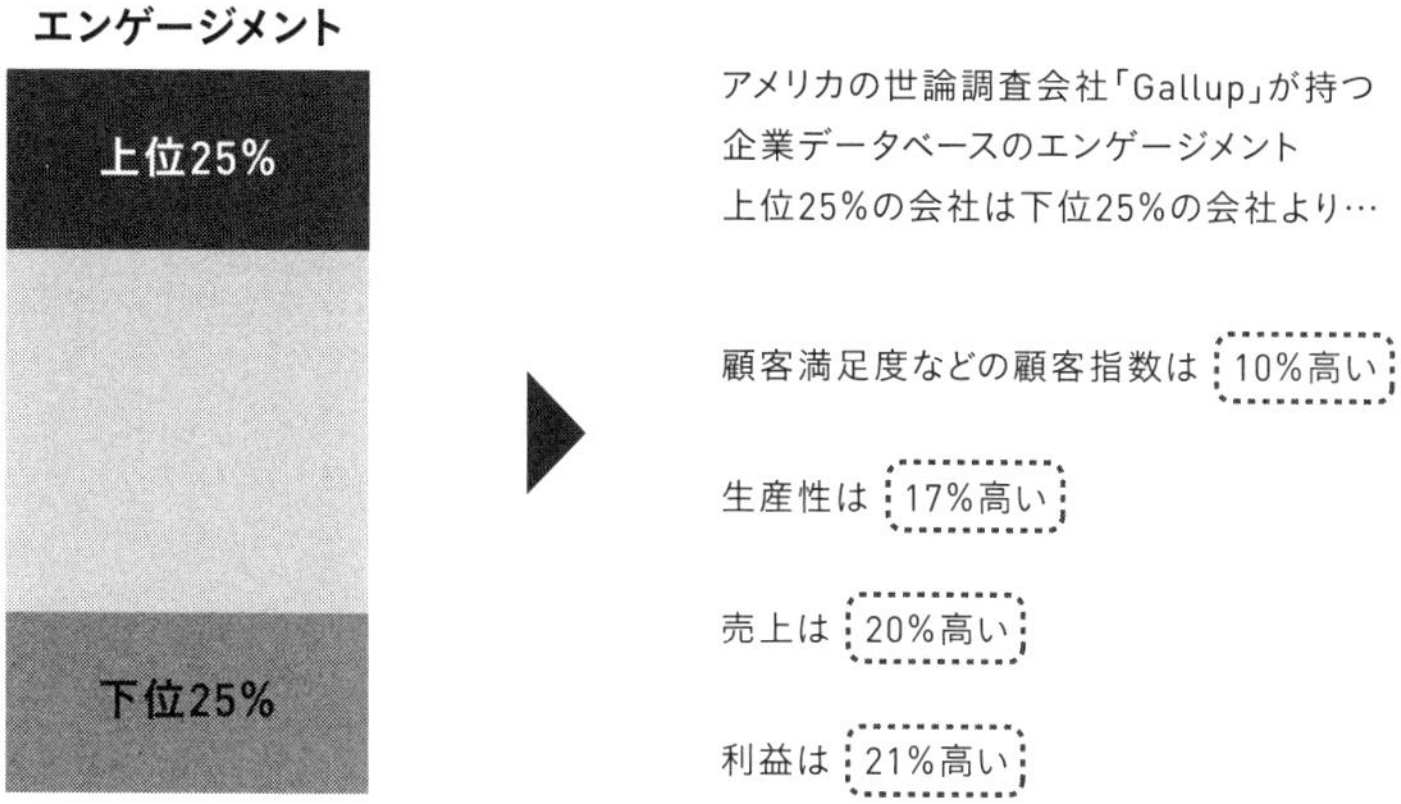
エンゲージメント
上位25%
下位25%
アメリカの世論調査会社「Gallup」が持つ
企業データベースのエンゲージメント
上位25%の会社は下位25%の会社より…
顧客満足度などの顧客指数は 10%高い
生産性は 17%高い
売上は 20%高い
利益は 21%高い

出典：Gallup「How Employee Engagement Drives Growth」を参考に作成

業を比較したレポートを発表しました「図表5」。

そのレポートでは、エンゲージメント上位25％の企業のほうが顧客満足度などの顧客指数は10％、生産性は17％、売上は20％、利益は21％、いずれも高いと報告されています。

つまり、エンゲージメントを高めることで、組織としてのパフォーマンスは自然と上がっていくことを示しているのです。

「従業員のエンゲージメントを高めるのは容易ではない……」と思うかもしれません。しかし、それは誤解です。

ハーバード・ビジネス・レビューの調査結果によると、エンゲージメントに影響を与える要素のほとんどが、マネジメントによってコントロールできるとされています。
以上2つの観点、

- 人という稀少な経営資源に向き合い、優秀な人材をひきつける魅力ある組織づくりに注力すること
- エンゲージメントを高めること

において、ピープルマネジメントが大きな役割を果たすということが理解いただけたかと思います。

⬇ 高頻度でライトなコミュニケーションが必要となった

またこれまで述べてきた内容に加えて、新型コロナウイルスの組織への影響も無視できません。テレワークに代表されるように、環境の変化を余儀なくされている企業は多いはずです。それによってマネジメントを一層難しくする事態が起こっています。

例えば、次のような問題を感じていないでしょうか？

■ルールが整備されていないままテレワークへと移行したため、パフォーマンス管理がうまくいっていない
■対面コミュニケーションの減少により、企業文化が弱体化し、組織に対するエンゲージメントが低下している
■先行きの見えない状況に対して、多くの従業員が不安やストレスを抱えている

中でも、テレワークにより対面でのコミュニケーション機会が減るのは大きな問題です。オフィスワークの場合、近くの席に座ったときに話をしたり、相手の表情などを見て相談に乗るなどといったことができました。しかしテレワークでは、そういった偶発的な会話のきっかけが失われがちです。

したがって、意図的にコミュニケーションがしっかり行われるような場をつくらなければなりません。その場で相手のコンディションを確認したり、悩みの相談に乗るなど、きめ細やかなマネジメントを実行する必要があります。

ピープルマネジメントはこのような環境の変化に対応し、高頻度でライトなマネジメントを軸としたコミュニケーションに重きを置いているのです。

コロナ禍においても、従業員のエンゲージメントを高めるための工夫を行っている事例を紹介します。株式会社リクルートホールディングスです。

同社では、働き方変革施策のひとつとして２０１５年に社内で実証実験を開始し、２０１６年より本格的に導入推進していたテレワークを、新型コロナウイルスの拡大以後は、全国の感染状況に応じて、原則全従業員がテレワークあるいはテレワークを強く推奨、という方針に切り替えました。

それに伴い、役員陣とコミュニケーションを取る機会が減少したことから、社内メールマガジンである「ＷＯＷ通信」の役員取材の場を全従業員にも開放。希望者が、取材に同席できる形としました。本取り組みには述べ１０４人が参加し、またその満足度も１００％と非常に高く、テレワーク下でも経営層と従業員の関係性を保つための効果的な施策のひとつとなりました。

また、全社で半年に一度実施している全社キックオフミーティングも、オンラインでの開催に移行。別々の場所から参加する従業員同士が自由に投稿できる場所をチャット上に立ち上げ、副音声的に感想を交換しながら視聴できるような工夫を行いました。

結果的に、参加者の満足度は96・6%と過去最高値を記録。このように、見通しの立ちにくい状況が続く中でも、会社への帰属意識を高める様々な施策を実行しています。

これまでのマネジメントとピープルマネジメントの違い

物語編でも紹介しましたが、ピープルマネジメントをひと言で表現すると、

⬇人に向き合い併走するマネジメント

■従業員一人ひとりの成功にコミットするマネジメント

と言うことができます。

これまでのマネジメントは、「従業員一人ひとり」ではなく「その人が持っている案件や数値」が管理の中心でした。

しかし時代の変化に伴い、従業員のパフォーマンス向上はもちろん、モチベーションやキャリア、働き方までを含めた「成功」にコミットするマネジメントが、より求められるようになってきています。

ピープルマネジメントと、従来のマネジメントにはどのような違いがあるのか。深堀りして見ていきましょう。

両者の目的はともに、「マネジメントによって、組織の成果を最大化すること」です。つまりゴールは同じですが、そのための方法や考え方が大きく異なります。

従来のマネジメントは次のように説明できます。

■「ヒト・モノ・カネ・情報」といった経営資源を適切に管理することで、組織の成果を最大化することを目指す
■ビジネス上の目標達成のために、いかに数字的な「成果」を上げるかということを重視する

■マネージャーの役割は管理、監督、評価、賞罰が中心。最終的には、組織の成果に責任を負う

一方のピープルマネジメントは次のように説明できます。

■メンバー（人）に向き合い、一人ひとりの成功にコミットすることで、組織の成果を最大化することを目指す

■一人ひとりのエンゲージメントやモチベーションが、高い状態にあるようにサポートすることでパフォーマンスの向上を図る

■マネージャーの役割はメンバーと向き合い、伴走し、一人ひとりが持つ可能性を引き出すこと

⬇ 従業員が強い時代に変わった

従来のマネジメントが機能したのは、従業員より「会社のパワーが強い時代」だったか

らです。

その時代を考察すると、経済成長を背景に労働人口は増加し、終身雇用や年功序列が約束され、一方で長時間労働がまかり通っていました。会社は強気でいられたため、マネジメントといえばタスクや進捗を管理し、指示・命令で実行させる方式でよかったのです。また、あってはならないことですが、パワーハラスメントによって成果を上げてきた一面も否定できないと思います。

対して従業員に転職の選択肢はなく、就職した会社に定年まで働き忠誠を尽くすのが当たり前でした。

だからといって、仕事を嫌々やっていたわけではありません。社内にロールモデルが存在し、将来のキャリアを描くことができたので、進んで仕事に励む従業員が多数を占めていました。

案件や数値の管理だけをしていれば部下は猛烈に働いてくれる。必然的にマネジメントにかかる時間や手間が少なくてすむ。結果として、「人」に向き合う必要性は低かったといえるでしょう。

しかし、今はどうでしょうか？　そんな時代ではないのはあきらかです。

〔図表6〕なぜ今「ピープルマネジメント」が求められるか

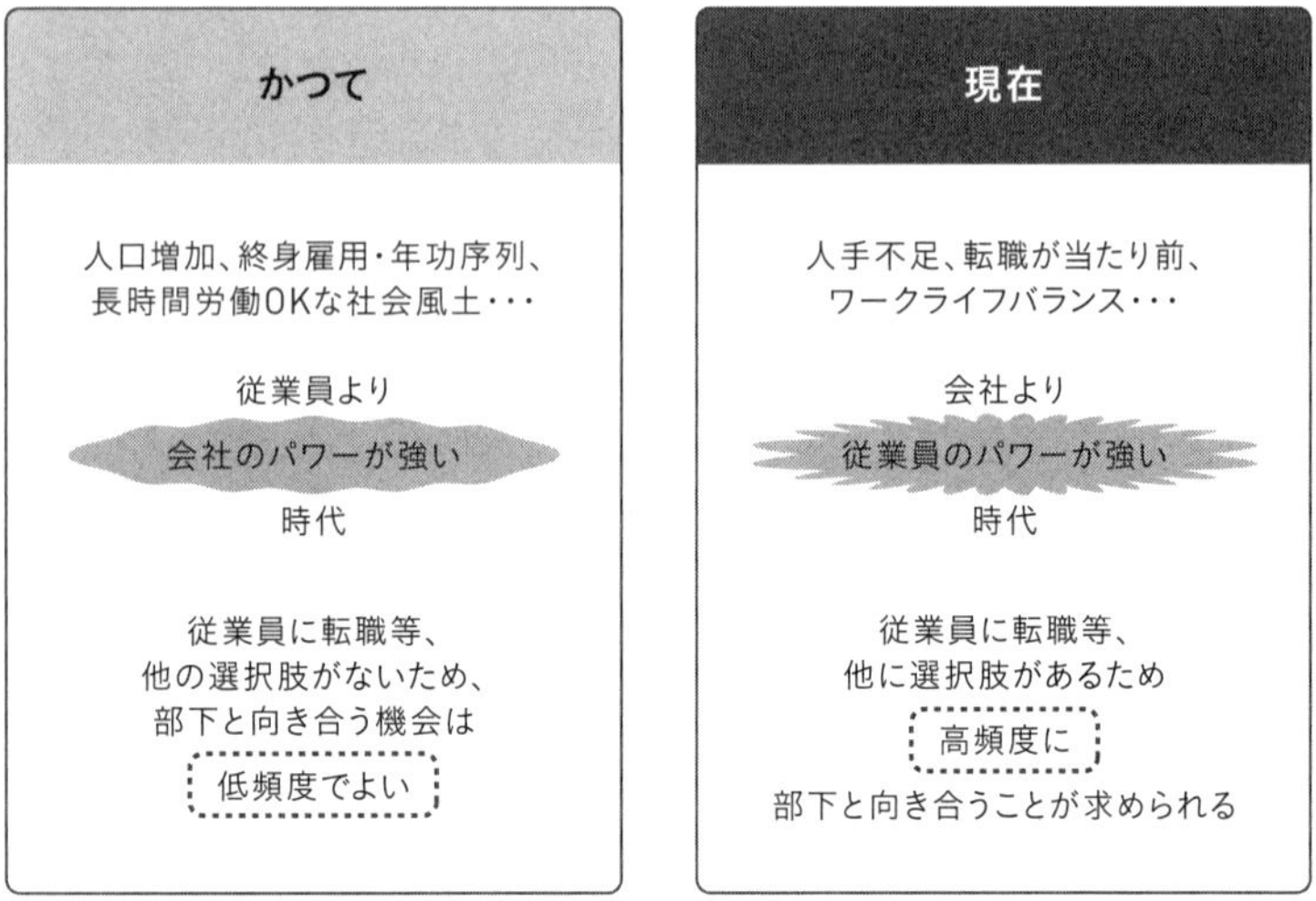

かつて	現在
人口増加、終身雇用・年功序列、長時間労働OKな社会風土・・・	人手不足、転職が当たり前、ワークライフバランス・・・
従業員より **会社のパワーが強い** 時代	会社より 従業員のパワーが強い 時代
従業員に転職等、他の選択肢がないため、部下と向き合う機会は `低頻度でよい`	従業員に転職等、他に選択肢があるため `高頻度に` 部下と向き合うことが求められる

経済が縮小していく流れの中で労働人口は減少し、終身雇用や年功序列は崩壊しています。

一方で長時間労働が是正され、ワークライフバランスが叫ばれています。

もはや会社は強い立場でいられません。会社より「従業員のパワーが強い時代」に切り替わっているのです。

一社のみでサラリーマン人生を終える人は数少ないでしょう。転職が当たり前となり、キャリアの選択肢は広がりました。働き方も多様化しています。

今は成功の道筋が増え、価値観も一括りにできない。部下の仕事の成果だけを見るのではなく、キャリアや働き方、人間関係などにも寄り添わないといけない。「人」に向き合う必要性が高まり、手厚いマネジメントが求められるようになっています［図表6］。

ここでひとつ「一人ひとりに寄り添ったマネジメント」の事例を紹介します。スターバックスコーヒージャパン株式会社です。

同社では、店舗で働く人を社員・アルバイト問わず「パートナー」と呼びます。そして、パートナー一人ひとりが、「人々の心を豊かで活力あるものにする」という同社のミッションを実現するために、様々な行動を自発的に起こしているそうです。

その前提となっているのが、同社の「内発的動機（※）」を引き出す人材マネジメントです。

※自身の内面に沸き起こった興味・関心や意欲に動機づけられていること。動機づけの要因は金銭や評価といった外から与えられる報酬に基づかないものを指す［図表7・8］。

例えば入社前の面接では、「どうしてスターバックスで働きたいと思ったのか」をしっ

〔図表7〕Engagement at Starbucks

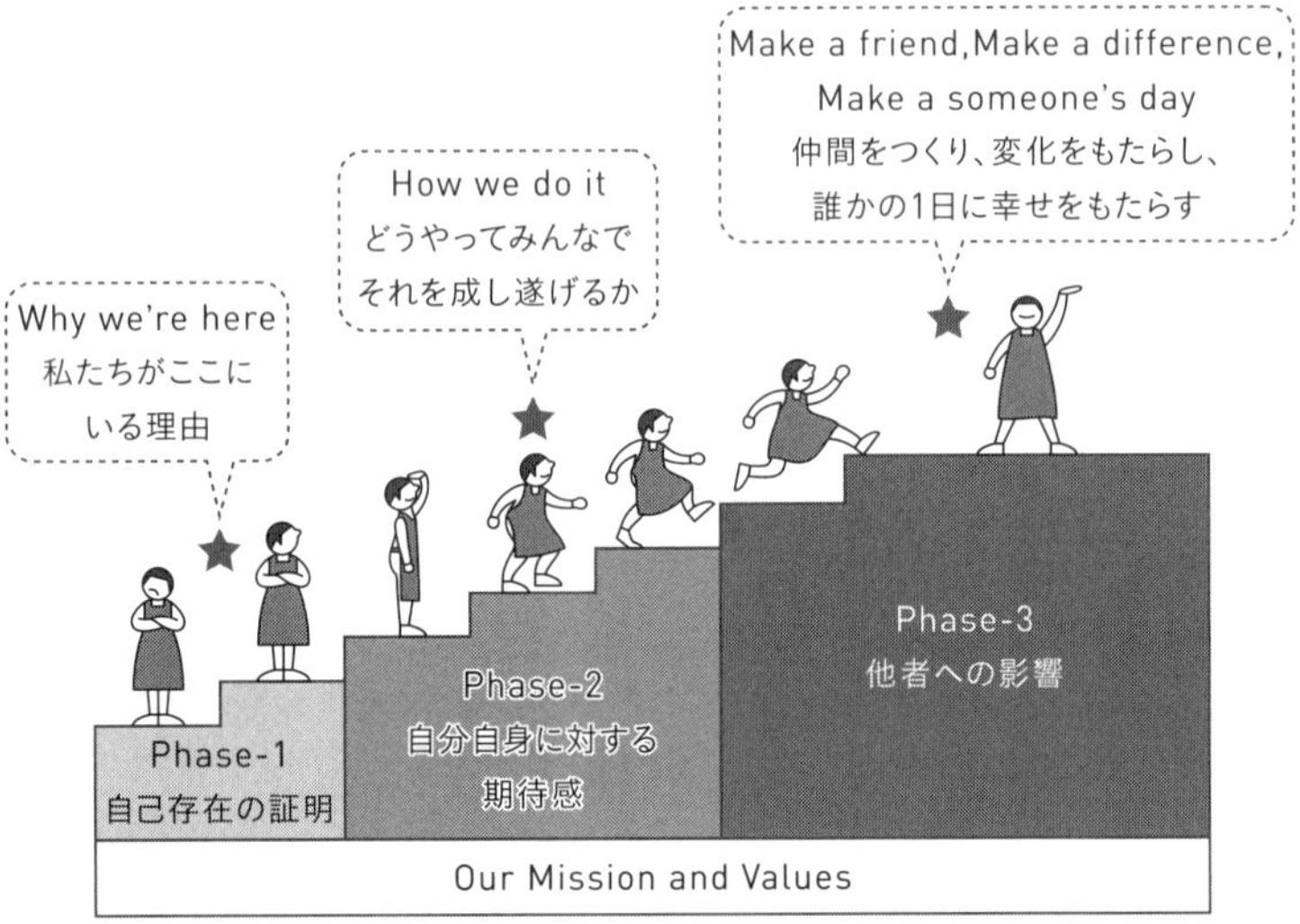

〔図表8〕エンゲージメントを高める人材育成メカニズム

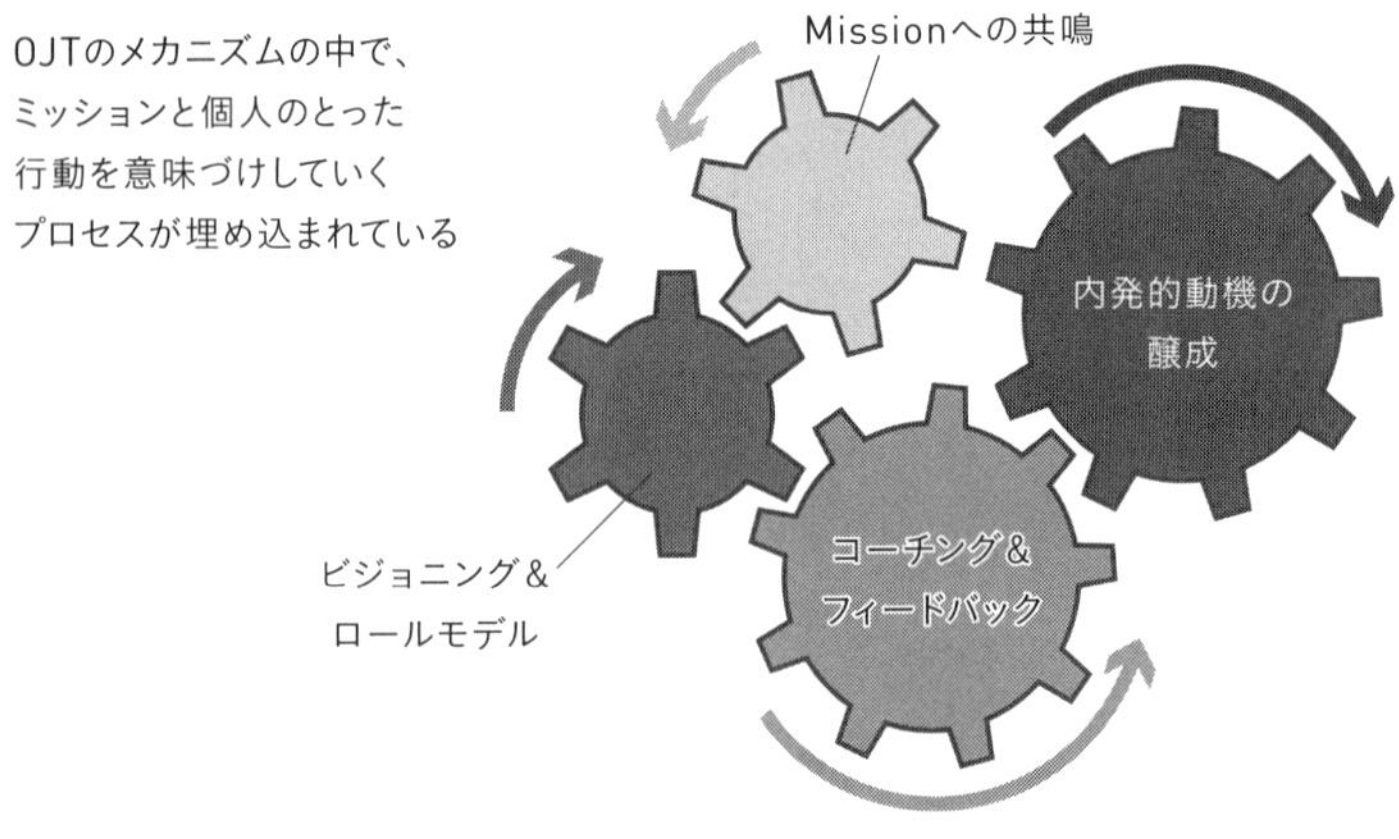

出典：スターバックス コーヒー ジャパン 株式会社
『スターバックス コーヒー ジャパン 株式会社における人材育成の考え方』
（同社提供の情報を元に作成）

かり深掘りします。また実際に働き始めてからも、パートナー全員が約4カ月ごとの人事考課面談を受け、その際に一人ひとりの「自分がここにいる理由」を毎回確認します。

上長から一方的に「こうしてほしい」と言うのではなく、「あなたはどうなりたいのか」について対話することで、それが動機づけの原点になり、主体的な行動につながっているといいます。

また、面談を繰り返して行うこと、人事考課と人事考課の間の期間にフィードバックを繰り返すことで、できるだけ本人の強みをベースにしたやりたいこと、成長のためにチャレンジしたいことを明確にしていきます。それによって、「自分がここにいる理由」がより明確になり、帰属意識も高まっていきます。

フィードバックや称賛を通じて「自分はもっとできるかもしれない」という期待感が高まり、一歩を踏み出す勇気を得て行動することができるのです。すると、今度は新しい自分の可能性に気がつくことができ、「自分発でより良い影響の輪を広げていきたい」という気持ちが高まり、自然と成長のサイクルが回っていく……。つまり、誰もが「やってみようかな」と新しいチャレンジに一歩踏み出しやすい環境があるのです。

⬇ピープルマネジメントがマネジメントに変化を起こす

では、実際にピープルマネジメントを実践すると、マネジメントにどのような変化が起こるのか。代表的な3つの変化について解説します。

1 ― 「メンバー一人ひとりに向き合う頻度」が上がる

多くの企業では、メンバー一人ひとりの成長に向き合う機会は年に数回、もしくは1回の「評価面談」に限られています。もちろんそれ以外にも対話の機会はありますが、内容は案件のレビューや、目標に対する進捗が中心です。

一方でピープルマネジメントにおいては、一人ひとりの成功を導くことが重要になるので、評価面談だけでは不十分です。もっと頻度を高める必要があります。

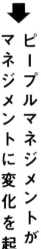

近年、多くの日本企業で導入されるようになった1on1ミーティング（以下「1on1」）。主にマネージャーとメンバーが一対一で面談を行うことを指す1on1は、メンバーの成長やパフォーマンスに向き合う代表的な機会といえます。

2 ━「良いマネージャー」の人物像が変わる

これまでのマネジメントにおける「良いマネージャー」とは、チームのパフォーマンスを上げることのできる人物でした。代表的なイメージは、トップダウンのマネジメントができ、仕事を管理実行させる「怖いボス」です。

一方、ピープルマネジメントでは、人の成長やモチベーションを引き出す、「優れたコーチ」が良いマネージャーとされます。上意下達ではなく、伴走型のマネジメントを行うのがポイントです。そしてパフォーマンスだけではなくエンゲージメントの向上にもフォーカスします［図表9］。

〔図表9〕良いマネージャーの人物像が変化する

かつてのマネジメント

良いマネージャーの人物像は、
仕事を管理・実行させる
怖いボス。

強引なトップダウンの
マネジメントが可能。

マネジメントは、人ではなく
仕事量・時間にフォーカス。

ピープルマネジメント

良いマネージャーの人物像は、
人の成功にコミットする
優れたコーチ。

上意下達ではなく「伴走型」の
マネジメントが必要。

マネジメントは、
メンバーの成功にフォーカス。

3 メンバー一人ひとりの自律性が高まる

ピープルマネジメントでは、従来のような「指示・命令」中心の管理型のマネジメントは行われません。代わりに、マネージャーはメンバーの強みや可能性を引き出し、伴走します。

これによって変化するのは、マネージャーの行動だけではありません。メンバー側も、自分自身の成功とは何かを考え、自己に向き合った上で行動する必要が出てきます。

メンバーは、自己内省や振り返りのスキルを高め、フィードバックをもらいながら自分自身の成長に対して能動的に動くことになります。いわゆる「指示待ち」のスタンスでいるメンバーとは大きな差が生まれるでしょう。

以上のように、ピープルマネジメントはマネージャー、メンバーを変え、自律した組織を形成します。

ピープルマネジメントの効果と成功事例

➡メンバー一人ひとりの成功を導くことで、組織のパフォーマンスも最大化

ピープルマネジメントの実践が、組織にもたらす効果は多岐に渡ります。代表的なものを挙げると、次の通りです［図表10］。

- メンバー一人ひとりの成長速度が上がり、組織全体のパフォーマンスが向上する
- メンバーのセルフマネジメントのスキルが上がり、自律的な行動が増える
- マネージャーとメンバー間での信頼関係が改善する
- 会社の戦略や目標が組織に浸透し、アラインメント（一体感）が向上する
- エンゲージメントが高まり、離職率の低下や採用力における競争力の上昇につながる

〔図表10〕ピープルマネジメントの効果

ピープルマネジメントを実践することで、
それぞれの立場におけるメリットがあります

経営・人事のメリット

- コミュニケーションロスが減り、戦略実行のスピードやパフォーマンスが上がる
- 組織に対するエンゲージメントが高まる
- 組織やチームが、変化に強くなる

マネージャー・従業員のメリット

- 軌道修正がすばやくでき、目標達成に近づく
- チームや個人の成長スピードが上がる
- メンバーが100%のパフォーマンスを発揮できるようになる

では実際に、ピープルマネジメントを導入した企業の事例から、具体的な効果を見ていきましょう。

事例 SAP SE

1社目はビジネスソフトウェアの開発・販売を手がける、ドイツ出身の多国籍企業SAP SEです。

SAP SEは、2008年のリーマンショック後に成長が著しく低下し、再起を図る必要がありました。そこで、事業のグローバル化を進めると同時に、マネジメントの改革によって従業員のパフォーマンスを上げることを目指したのです。

そして2017年には、その改革のひとつとして年度末の一斉評価を廃止し、レイティング（社員のランク付け）をしないマネジメントへと舵を切りました。具体的には「SAP Talk」と呼ばれる、マネージャーとメンバーの継続的な対話に力点を置く仕組みを採用したのです。

SAP Talkにおいては、目標進捗の確認やフィードバックを行いながら、ときには目標の変更もその場で行われます。他にも、必要とされているサポートや、職場環境、キャリア等についての対話を行うなど、マネージャーがメンバー一人ひとりに寄り添う姿勢が貫かれています。

同制度によって、調査対象者の89%が「SAP Talkによって、会社・上司から求められていることが明確になり、仕事におけるポジティブな成果につながった」と回答したそうです。

SAP SEがピープルマネジメントに力を入れる理由のひとつには、2020年までに全営業担当者の20%が定年を迎えるということがありました。それゆえに、現在のマネージャー層に代わる人材として、若い世代のパフォーマンスを向上させることが急務となっていたわけです。この問題は、多くの日本企業にも当てはまるでしょう。

（参考記事：SAP Talk - Our new performance philosophy without ratings. Story of how it all began..
https://www.linkedin.com/pulse/sap-talk-our-new-performance-philosophy-without-ratings-mohana-m-d/How To Create A Culture Of Connection Within Your Organization
https://www.forbes.com/sites/sap/2018/01/22/how-to-create-a-culture-of-connection-within-your-organization/?sh=1a171dc047e7）

事例

Adobe Inc（アドビ株式会社）

２社目はAdobe Inc。Adobe Incは、アメリカに本社を構える、コンピューターソフトウェアの会社です。読者の皆さんもＰＤＦの閲覧・編集をする際に、一度は目にしたことがあるでしょう。他にも、クリエーターには必須のPhotoshopなどのソフトウェアを提供しています。

Adobe Incでは、２０１２年にピープルマネジメントの一環として、まったく新しい人事評価「チェックイン」を全世界40拠点でスタートさせました。

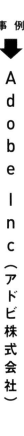

「チェックイン」は、一切のレイティングをしない「ノーレイティング」の評価制度として知られています。継続的な面談を通じて上司と部下のリレーションシップを構築することで、社員一人ひとりの成長を後押しすることを目指した制度です。

Adobe Incの日本法人であるアドビ株式会社では、人によっては週に数回の頻度で、マネージャーと部下の対話が行われます。そこで話されるトピックは、「期待（Expectations）」、「フィードバック（Feedback）」「キャリア開発（Development）」の3つです。

最初の「期待」は、マネージャーがドライブするパートです。まず会社の現状についてマネージャーから説明し、部下の視点を引き上げます。その上で、部下に期待する年間のゴールを、成果物・行動・貢献の点で、双方で合意できる形に持っていきます。

次に「フィードバック」は、マネージャー・部下の双方が互いにフィードバックをするパートです。フィードバックは、マネージャーから部下への一方通行ではなく、双方向であることにこだわっています。

最後が、部下がドライブする「キャリア開発」というパートです。期待に応える動きをするため、そして、本人が満足して成長するための目標を自身で設定し、「こんな業務をやりたいです」という提案ができる機会になっています。

以前は、従業員から「人事評価に納得できない」「有益なフィードバックが得られない」と言った不満の声も寄せられていました。しかしチェックイン導入後は、従業員から「マネージャーに自分の働きをしっかりとみてもらえている」「困った際には、サポートしてもらえる」といった声が挙がるようになったそうです。

加えて、評価への納得感も向上し、離職率も低下。アンケートの結果、「アドビを働きがいのある会社として勧められる」と回答した社員が10％増加し、「上司からのフィードバックが役立つものである」と回答した社員が10％増加するといった成果をあげています（※2017年当時）。

（参考記事：ランク付けをやめ、納得感のある人事制度を実現。アドビ「チェックイン」運用の実態　https://seleck.cc/1071）

ピープルマネジメントを導入するのは海外企業だけではありません。先進的な日本企業も導入を進めています。

事例 dely株式会社

レシピ動画サービス「クラシル」等を運営するdely《デリー》株式会社の事業成長を支えるのが、同社のピープルマネジメントの仕組みです。具体的には、OKR（※）という目標管理の手法を踏襲した「Drive Point」という名の独自の目標制度を構築し、その運用を1on1でサポートしています。

※Objectives and Key Resultsの略で、組織の目標と従業員の目標を結びつけるフレームワークのこと。第4章で後述（138p）

「Drive Point」の運用においては、四半期ごとに、成功するかしないか五分五分の難しい目標を、全社・部署・個人レベルで設定します。そして、各自の目標進捗を社内にオープンにするだけではなく、目標に対する障壁が発生した際の相談・対策や、コミュニケーションの推進などを目的として、全社で１ｏｎ１を運用しています。

理想としているのは、「目標の設定、振り返り、よかったことを伸ばして反省点は改善する、というサイクルを個々人が回せるようになる」状態です。１ｏｎ１の頻度は、メンバーや状況に合わせて柔軟に対応しています。人によっては週１回、最大45分の時間をとっているケースもあるそうです。

また、１ｏｎ１をより密度の濃い時間にするため、Google フォームを使った事前アンケートを実施している部署もあるそうです（※２０１９年当時）。

現在は、２０２０年11月に制定された新バリューに紐づいた評価制度に変更。

（参考記事：マネジメントが事業と個人の成長サイクルを回す!--dely の、目標管理と1on1 の運用法　https://seleck.cc/1333）

ピープルマネジメントのカギとなる「3つのイベント」

　これらの事例を見てみると、ピープルマネジメントを実践する上での共通の要素に気がつくことができます。それは、以下のような「マネジメントのサイクル」を高頻度で回していることです。

❶一人ひとりの適切な目標を設定する
❷その達成に向けて伴走支援を提供する
❸成果に対するフィードバックを行う

　従来のマネジメントでは、1年に1回、もしくは半年に1回のペースで目標を設定し、その期間の評価やフィードバックを行うのが通例です。

　しかし、これでは評価面談は年1回、もしくは半年に1回のみ。そうなると、マネー

〔図表11〕ピープルマネジメントのサイクル

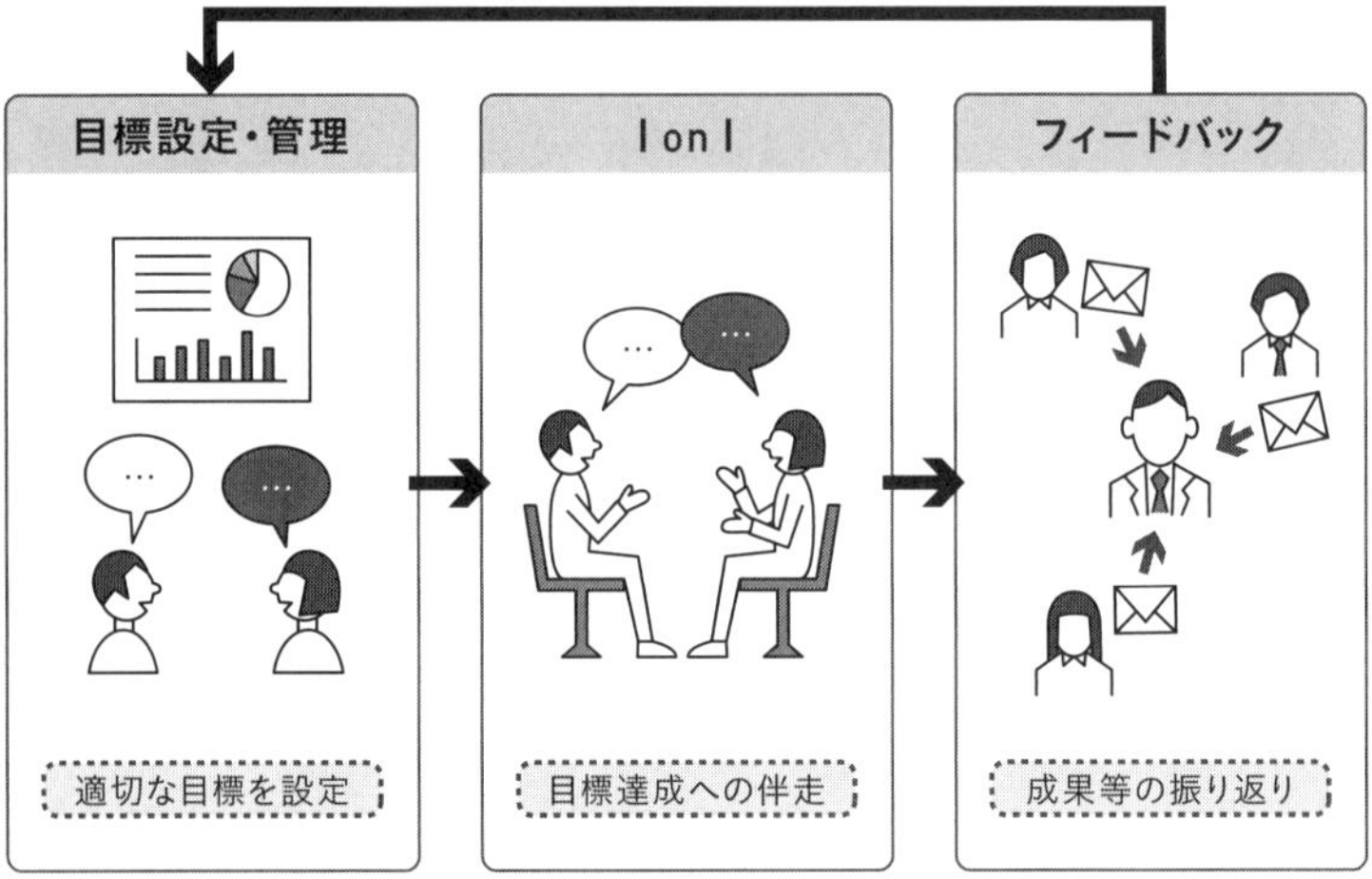

ジャーはメンバーの状況を正確に把握しづらく、育成に力を発揮することが難しくなります。

ピープルマネジメントは、そういったマネジメントが機能しない状態を大きく改善し、組織を成長させるマネジメントスタイルなのです。具体的には、以下のようなサイクルを高頻度で実行することになります。

❶適切な目標を設定→目標設定・管理
❷その達成に向けて伴走する→1on1
❸成果に対するフィードバックを行う→フィードバック［図表11］

このように、ピープルマネジメントの核となるのは、「目標設定・管理」「1on1」「フィードバック」の3つのイベントです。それぞれの定義と役割を、簡単にご説明します。

目標設定・管理

目標設定は、ピープルマネジメントの出発点となるイベントです。

目標とは、目的（最終的に成し遂げたい内容）を達成するための、具体的なステップや指標を意味します。ビジネスにおける目標設定・管理は、組織として共通の目的を達成するために、個々人が「向かうべきベクトル」「具体的な進め方」「進捗」を明確にするものです。

正しい目標を設定し管理することで、メンバーのモチベーションを高め、組織の戦略実行の推進力を高めることができます。

⬇ 1on1

1on1は、ピープルマネジメントの実行を円滑にするイベントです。主にマネージャーとメンバーが、1対1で対話を行います。頻度や時間などは必要に応じて異なりますが、多くの企業では月1〜2回・1回30分ほどで実施されています。

1on1は、メンバーの成功をサポートする場です。1on1を通じて、メンバー側は経験からの内省を深め成長につなげる、業務のつまづきを早期に相談し解決のためのサポートを得られる、中長期のキャリアや伸ばしていくべきスキルなどを相談できる、といったメリットがあります。

また組織としても、1on1を通じて組織へのエンゲージメントが高まりパフォーマンスが上がる、マネージャーとメンバーのコミュニケーション量が増え関係性が良くなる、メンバーの行動が早め早めに修正され、目標達成の確率が上がる、といったメリットがあります。

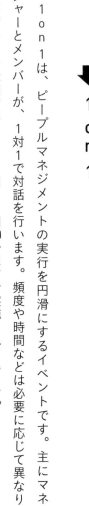

⬇フィードバック

ピープルマネジメントの終着点となるイベントが、「フィードバック」です。

フィードバックとは、対象とする相手に対して、現状を振り返り、良い点や改善点を指摘することです。ビジネスシーンでは、評価面談での上司から部下へのフィードバックが一般的ですが、同僚からの３６０度フィードバックや、部下から上司に対するフィードバックなど、その種類は様々です。

適切なフィードバックを行うことで、メンバーは自身の状態を把握し、最適ではない行動があればそれを修正することができるため、チームや個人のパフォーマンス向上につながります。

⬇ 3つのイベントを軸にすれば、マネジメントを仕組み化できる

これら3つのイベントをピープルマネジメントの軸として考えることで、実践のイメージがぐっと湧くのではないかと思います。「メンバーの成功にコミットするマネジメント」と言われると何から始めればいいのかわからないかもしれませんが、具体的なイベントで考えることで、マネジメントが仕組み化され、導入や改善のステップも立てやすくなるでしょう。

本書の後半では、これら「マネジメントの3イベント」の具体的な導入方法や運用のコツを解説していきます。

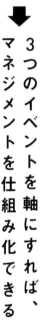

第2章のまとめとチェックポイント

■組織を流れる「血脈」であるマネジメントを改善しなければ、組織には課題が生まれ続ける。

■企業を取り巻く環境の変化に伴い、パフォーマンスとエンゲージメントを高める「ピープルマネジメント」を導入する企業が増加している。

■従来の「管理型」マネジメントと異なり、ピープルマネジメントは従業員一人ひとりの成功にコミットすることで、組織の成果を最大化することを目指す。

■ピープルマネジメントを正しく実践することで、「メンバー一人ひとりの成長速度が上がり、組織全体のパフォーマンスが向上する」「マネージャーとメンバー間での信頼関係が改善する」「会社の戦略や目標が組織に浸透し、一体感が向上する」といった効果が期待できる。

■ピープルマネジメント運用のカギとなるのは「目標設定・管理」「1on1」「フィードバック」の3つのマネジメントイベント。

第3章

ピープルマネジメントを導入する前に、知っておきたいこと

ピープルマネジメントの導入に成功するための5つのポイント

ただ「制度」を導入するだけでは、ピープルマネジメントは根付かない

ピープルマネジメントの3イベント（目標設定・管理、1on1、フィードバック）の解説に入る前に、ピープルマネジメントを導入する上で押さえておきたいポイントを解説します。

というのも、新しい制度を導入するだけで、ピープルマネジメントが自然と会社に根付くわけではないからです。「ただ制度をつくっただけで終わってしまった」という事態に陥らないよう、これから説明する5つのポイントを押さえておくことをお勧めします。

1 ピープルマネジメントによって実現したい「ゴール」を決める

〔図表12〕マネジメントのあるべき姿

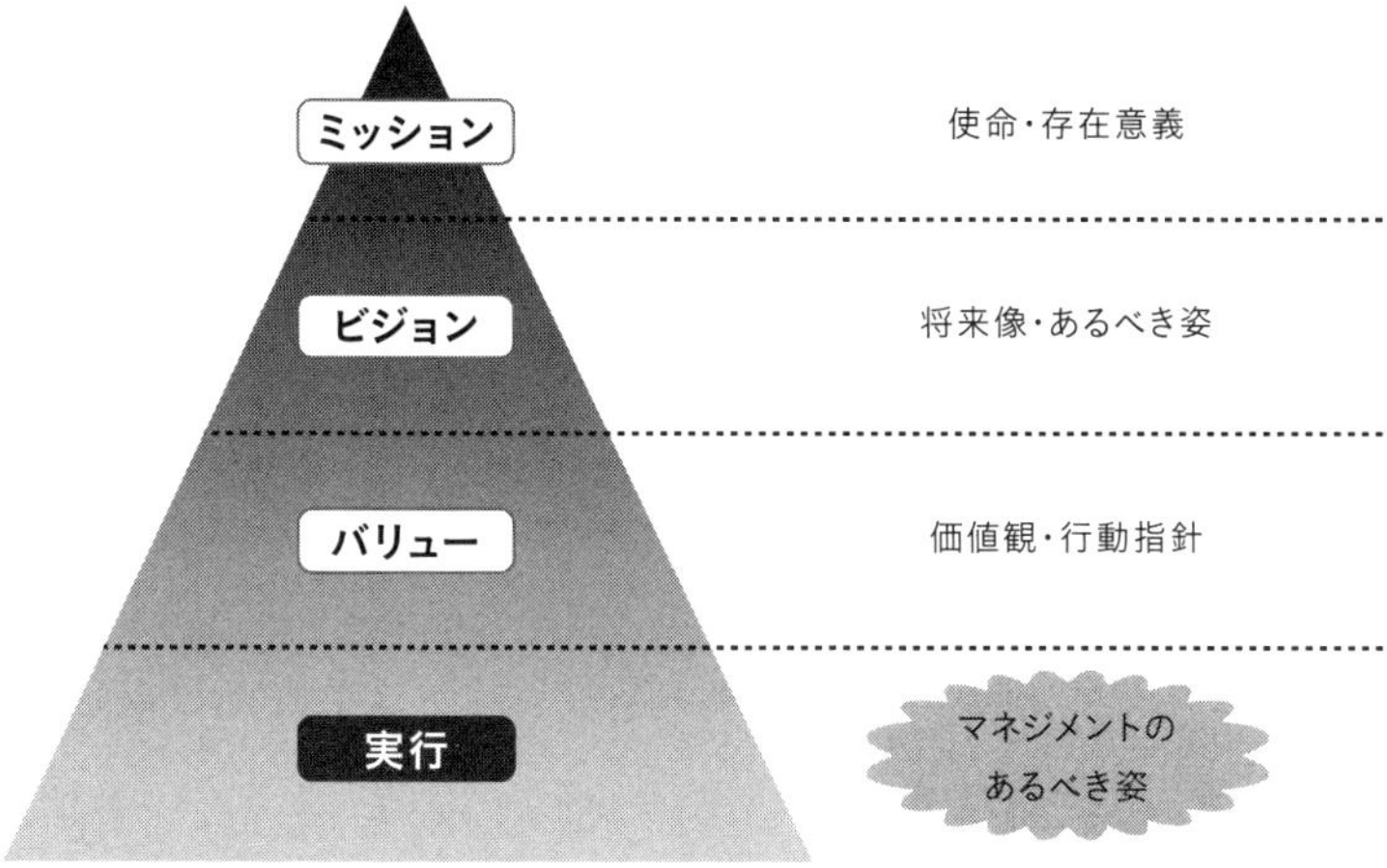

最初に重要なのは、自分たちが新しいマネジメントによってつくり上げたい組織、つまりゴールを明確にすることです。その上で、新たな組織づくりの意図や目的を社内に周知し、理解をしてもらうことが重要になります。

マネジメントによって実現したいゴールは、企業によって様々です。企業にとって欠かせないのが経営戦略ですが、その下には営業戦略、製品戦略などと同様に人材戦略があります。その人材戦略の中には、採用、育成、給与等があり、マネジメントもそのひとつなのです。

これらはあくまでも、経営戦略の上位にある経営理念（ミッション）やビジョンと整合性がとれている必要があります。つまり、会社が目指したいゴールと一貫した「マネジメントのあるべき姿」を定義する必要があるのです［図表12］。

インターネットを利用したゲームコンテンツやライフスタイル情報サイト、ECサイトといった幅広い事業を展開する、株式会社エイチームの事例を紹介します。

同社は、直近4年で従業員数が約2倍、1100名に達するという組織の急成長を経た結果（※2020年9月時点）、若手のマネージャーが増加。会社としてのマネジメントの基準が定義されていなかったことから、個々人の判断基準でマネジメントが行われている……という状態に陥ってしまったそうです。

その結果、新入社員のモチベーション低下につながり、退職率が上昇。この問題を解決すべく、2019年に立ち上がったのが「エイチームマネジメントスタイル」の策定プロジェクトでした。

〔図表13〕「マネジメントスタイル」策定プロセス

検討の流れ

取締役ヒアリング	コアメンバーでの検討	経営層ディスカッション
✓会社・事業の方向性	①会社・事業の方向性（価値提供のあり方）	✓マネージャーのミッション
✓あるべき組織と人材	②あるべき組織 ③社員に求められること	✓マネージャーに求める姿勢や行動
✓優秀なマネージャーの特徴等	④上記を踏まえ、マネージャーがとくに意識すべきこと	

出典：株式会社エイチーム『株式会社エイチームの「マネジメントスタイル」策定プロセス』（同社提供の情報を元に作成）

本プロジェクトでは、取締役へのヒアリング、コアメンバーでの検討、明文化、経営層とのディスカッションを経て、目指すべきマネジメント基準を明文化しました［図表13］。

最終的なマネジメントスタイルの構成としては、まずマネージャーの役割を「エイチームの経営者の一人であり、エイチームを深く理解し経営理念を体現していく存在である」と明記しました。続けて、「変化・成長し続ける」「みんなで儲けることを楽しむ」「お金をちゃんと考えて使う」といった10の主文・副文を記載し、最後にはマネージャーとしての心構えが添えられています。

完成後は、全社員向けの説明会の実施や、マネージャー向けの研修など、その浸透のための施策を実施しています。

このマネジメントスタイルが、今後はマネージャーだけでなくマネージャーを目指すメンバーの「成長の道しるべ」になることを期待しているそうです。

このように、目指すべきマネジメントのあり方を定義し、社内の共通言語とすることが理想です。

もう一社、非常に先進的なマネジメントの仕組みを実現されている企業を紹介します。法人向けのデジタルマーケティング支援等を提供する株式会社ゆめみです。

同社では、2014年から本格的に「マネジメントの役割分散」をスタートさせました。その背景には、予算やプロセスの管理、ピープルマネジメントに加えて、クリティカルなシステムを動かすプロジェクトマネジメントなど、リーダーの負担が非常に大きくなっていたことへの課題意識があったそうです。

そこで、ピープルマネジメントだけを担う人、プロジェクトマネジメントだけを担う人、といった形でマネジメントの分散を進め、2018年からは上下関係やマネージャーという役職自体がまったく存在しない組織へと進化しました。

同社では、ルールで定められた「レビュー」のプロセスを経れば、役職や年次など関係なく「誰でも」会社の意思決定を行うことが可能です。

その仕組みは、社員の給与額の決定にも取り入れられています。一般的な報酬制度を持たない代わりに、一人ひとりが自分の年収金額を同僚に「レビュー」してもらうことで、給与を決めることが可能です。

目指すのは、マネジメントが「自働化」されている組織。仕組みやルール、考え方によって、自分たちの認知エラーに自分たちで気が付けるような状態を、マネージャーなしでできるような組織にしていこう、という考え方で組織づくりを行っています。

このように、一口にマネジメントと言っても、目指すべき姿は企業によって大きく異なるのです。だからこそ、自社のミッションやビジョンに立ち戻り、マネジメントによって実現したいゴールを定義するようにしましょう。

2 ― 社内の納得感を醸成する

ピープルマネジメントは新しいマネジメントの形です。そのため、導入に難色を示す人が社内で出てくることは多いと思います。まずは、トップや経営陣、人事部から、十分に説明を尽くすことが第一です。

実際にとある企業では、ピープルマネジメントの第一歩として1on1を導入したのですが、結果的にうまく定着させることができず失敗に終わってしまいました。

実は、この失敗の原因ははっきりしています。

ひとつは、1on1を行う意図や目的が、従業員側に十分理解されないまま実行されてしまったことです。日常の業務に追われる中で、マネージャーとメンバーが2週間に一度の頻度で、30分の対話のための時間をとるのは容易ではありませんでした。1on1を行う意図や目的の伝達が不十分だったがゆえに、「これって何の時間?」「会話することに意味があるの?」「必要ないよね」などとだんだん尻すぼみになっていき、気づいたときには1on1が実施されなくなってしまったのです。

もうひとつは、1on1の運用ルールが明確になっていなかったことです。ルールがないとお互い何を話したらよいのかわかりません。結局、単なる雑談タイムになってしまい、同様にフェードアウトしていきました。

また、従業員数が多い企業の場合、営業部などひとつの事業部から実験的にイベントを導入するのもひとつの方法です。そしてテスト中は、成果のデータをしっかりとるようにします。例えば、目標達成率がどう変わったかといった定量的な数値でもよいですし、対象者に向けたアンケートを実施してもよいでしょう。

その結果を待ってからピープルマネジメントについて社内で説明する場を設け、実験の成果をアピール材料にすれば、従業員の納得感を得られるはずです。また、正式な各事業部への導入もスムーズにいきます。

現場が抱えるピープルマネジメントに対する不安を解消し、導入、運用に前向きになってもらう努力を惜しまないようにしましょう。

3 最初はマネジメントの「量」から改善する

ピープルマネジメントにおいては、マネージャーはメンバーのパフォーマンス向上はもちろん、モチベーションやキャリア、働き方まで含めた成功にコミットすることが求められます。

ここで、従来のマネジメントと大きく異なるのは、マネジメントの「量」です。ピープルマネジメントと従来のマネジメントのオペレーションでは、メンバーの成功と向き合う機会の分量が、圧倒的に異なるのです。

そこで、何よりもまず「マネジメントの量を増やす」ことを意識しなければなりません。具体的に、各イベントで考えてみましょう。

まず目標設定・管理でいえば、1年または半年に一度の目標設定では、メンバーと向き合う評価面談は1年に一度、または半期に一度となってマネジメントの量は圧倒的に少なくなってしまいます。

これを四半期に一度にする、というように高める必要があります。

1on1、フィードバックも同様です。メンバーと向き合う1対1の対話やフィードバックの機会を増やすことが重要になります。

1on1は、ある程度の時間を確保することも大切ですが、頻度をより重要視すべきです。

例えば、2カ月に一度30分と、1カ月に一度15分なら、お勧めは後者です。前者より時間は半分と短いものの頻度は2倍と高いため、その分、1on1の回数を多くできることになります。

フィードバックは評価面談での上司から部下へのフィードバックが一般的ですが、足りないと感じたら頻度を上げるために日常的なフィードバックを取り入れればいいでしょう。

メンバーの成功に向き合う機会を増やす方法は、会社によって様々です。3つのイベントの運用がうまくいかないときはマネジメントの量の見直しを行い、自社に合った方法を確立してください。

4 — 3つのイベントの導入順序は、自社の課題に応じて決める

ピープルマネジメントを構成する3つのイベント、目標設定・管理、1on1、フィードバックを導入する順番はどう考えればよいのでしょうか。

基本は、

❶目標設定・管理
❷1on1
❸フィードバック

の順番です。

適切な目標を設定し、その達成に向けた伴走支援を行い、成果に対するフィードバック

をする、というマネジメントサイクルを成立させるため、❶❷❸の順で3つのイベントを導入していくようにしましょう。

しかし、3つのイベントを一気に導入するのは人事部が大変ですし、従業員の混乱を招くことにもなるのでお勧めできません。

理想としては、目標設定・管理の導入から臨み、組織内に同制度が浸透した段階で次の1on1の導入に移行し、同様に組織内に同制度が浸透した段階で最後にフィードバックを導入するという流れで体制を整えていきます。

ただ、❶目標設定・管理、❷1on1、❸フィードバックの順番はあくまで基本です。皆さんの会社の置かれている状況によってはその順番にこだわる必要はありません。マネジメントの問題は会社によってそれぞれ異なるはずです。

例えば、上下間のコミュニケーションが弱いのであれば1on1から導入するのもいいと思います。自社の組織で弱いところから対応するイベントを導入し強化していき、ピープルマネジメントを確立すればいいでしょう。

加えて、必ずしも3つのイベントすべてを導入する必要はありません。実際、企業によって目標設定・管理のみ導入、1on1のみ導入、といったケースもあります。

とはいえ、ピープルマネジメントの効果をより確かなものにするには、3つのイベントすべてを導入するのが望ましいです。既存の制度の見直しを含め、万全な体制で導入されることをお勧めします。

5 「データ」に基づいてマネジメント改善のサイクルを回す

ピープルマネジメントの導入に挫折してしまう多くの企業では、その「成果」を可視化できていません。その大きな理由として、マネジメントが「属人化」しやすい領域であるということが挙げられます。

例えばあなたの会社では、優れたマネージャーとそうではないマネージャーを、どのような基準で判断していますか？　また、マネージャー一人ひとりが抱える課題を、正確に把握できているでしょうか。

現状把握が曖昧なままでは、マネジメント変革に伴う成果を測定することは不可能です。結果的に、「なんとなく効果がありそうなので、例年通りに管理職に向けた研修を行う」といった取り組みで終わってしまい、根本的な改善とは結びつきません。

また、マネージャー本人が「自分はマネジメントができている」と言っていても、実際にはそうではない……というケースは非常によく見られます。したがって、あくまでも客観的で定量的なデータを用いて自社のマネジメントレベルを可視化し、目標を定めて取り組むことが必要なのです。

マネジメントに関するデータとして、活用できるものには以下のような指標があります。

■メンバーの目標に対しての進捗状況
■メンバーの目標達成率（パフォーマンス）
■1on1の実施率
■1on1に対する充実度や満足度
■フィードバックに対するメンバーの納得度
■メンバーの組織に対するエンゲージメント　etc……。

こうしたデータを見ながら、マネジメント改善のＰＤＣＡサイクルを素早く回していくことが求められます。

第3章のまとめとチェックポイント

■ピープルマネジメントの導入時にはまず、マネジメントによって実現したい「ゴール」を決める。

■社内の納得感を醸成するために、従業員に向けた説明を十分に行う。また必要に応じて、導入は段階的に実施する。

■導入初期には、「マネジメント（＝メンバーの成功と向き合う機会）の量を増やす」ことを優先する。

■目標設定・管理、１ｏｎ１、フィードバックの導入順序は、自社の課題に応じて決める。

■導入後は、定量的なデータを活用してマネジメント改善のＰＤＣＡサイクルを素早く回す。

第4章

ピープルマネジメントのスタート地点「目標設定・管理」

「目標」なくしてパフォーマンス向上はなし

➡ピープルマネジメントの出発点にある「目標設定・管理」

ピープルマネジメントの出発点となるイベントが、「目標設定・管理」です。人のパフォーマンスを引き出すためには、適切な目標を、自らの意思で設定することが非常に重要になります。ビジネスパーソンだけでなく、高いパフォーマンスを出しているアスリートなども、目標設定のスキルが高いことで知られています。例えば、プロ野球の大谷翔平選手が高校時代につくった目標達成シートは有名ですね。

このように目標設定は非常に重要ですが、「うまくいっている」と胸を張って言える企業は多くないはずです。

「こんな目標が上から下りてきたけれど、本当に追うべきか疑問だ」
「そういえば1年前にこんな目標を立てたけれど、すっかり忘れていたな」

このような話を耳にしたことが、一度はあるのではないでしょうか？

単に目標管理制度をつくっただけでは、多くの場合、形骸化して失敗します。重要なのは、その設計と運用です。良い目標設定のポイントを押さえつつ、自社に最適な制度を設計しましょう。

まずは目標の基本を理解しよう

⬇ 目的と目標の違い

そもそもですが、目的と目標の違いをご存じでしょうか？

目的は「最終的に成し遂げたい内容」です。一方、目標は前述した通り「目的を達成するための、具体的なステップや指標」です。

営業を例にすると以下のようになります。

■目的（成し遂げたい内容）：受注金額を上げたい
■目標（具体的なステップや指標）：週の訪問回数50件

以上の例からもわかるように、目的は抽象的な内容を指します。対して目標は数値や期間を含んだ具体的なステップを指します。

そのため、目的なしでは目標を定めることはできません。目的を定めることで、初めて目標を設定することができます。

なぜ目標が必要なのか

目標を設定することには、大きく分けて2つの効果があります。まずひとつは「方向づけ」です。目標、すなわちゴールが設定されていることで、とるべき行動が明確になったり、関連する情報を意識しやすくなります。

そしてもうひとつが「モチベーション」です。ゴールは人を勇気づけ、努力や工夫を引き出してパフォーマンスを高めます。

つまり、正しく目標を設定できれば、組織の戦略実行の推進力は大いに高まるのです。

ただ一方でその方法を誤ると、「会社やチームの目標がよく理解できていない」「適切な内容・レベル感の目標を設定できていない」「目標を立てたけれど、意識されず放置状態になっている」といった問題が発生しがちです。

これらの問題を放置してしまうと、モチベーションの低下や、目標達成に向けた軌道修正の遅れを招くことになります。

目標設定において気をつけたいポイント

➡「良い目標」とはどのようなものか？

目標には、会社やチームの目標もあれば、メンバー一人ひとりの個人の目標もあります。その設定においては、下記のようなポイントに注意するとよいでしょう。

■進捗や達成の可否を、明確に測れる目標であること
■メンバーが、自分の目標に納得感を持っていること
■個人目標の方向性が、会社やチームが目指す方向と一致していること

1 進捗や達成の可否を、明確に測れる目標であること

例えば「一生懸命に仕事をする」「売上を増やす」といった曖昧な目標設定を行うと、次のような問題が起こります。

- ■メンバーが仕事の優先順位を立てられない
- ■達成基準が曖昧となることから、正しい評価ができない
- ■何をしたらよいかわからず、メンバーのモチベーションが低下する

このような事態を避けるために活用できるのが、目標設定の代表的なフレームワークである「SMART（スマート）ゴール」です。SMARTは、以下の頭文字をとったものになります。

❶S：Specific（具体的で）
❷M：Measurable（計測可能で）

❸A：Achievable（実現可能で）

❹R：Relevant（関連性があり）

❺T：Time-bound（時間的な制約がかけられている）

SMARTゴールを用いた目標設定の手法を詳しく紹介します。

❶S：Specific（具体的で）

目標は、具体的（Specific）に設定する必要があります。具体性のある目標を設定することにより、時間をかけて集中すべき業務を明確にすることができます。

次の問いを自身に投げかけることで、具体性のある目標を設定することができます。

- 「何を」達成したいのか
- 「なぜ」それを達成しなくてはいけないのか
- 「だれ」を目標達成のために巻き込むべきか

■「どのような知識・情報」が必要なのか

❷ M：Measurable（計測可能で）

目標は、進捗の確認（Measurable）ができなくてはなりません。目標の達成の進捗度合いを追うことにより、達成へのハードルや必要となる対処策を考えることができます。次の問いを自身に投げかけることで、進捗度合いを測る目標を設定することができます。

■どのような「数値」に届く必要があるのか？
■どのような「状況」が目標の達成といえるのか？
■進捗度合いを確かめるための「基準」は何か？

❸ A：Achievable（実現可能で）

設定する目標は、実現可能（Achievable）である必要があります。簡単に達成できる目標では意味を成しませんが、達成することが不可能な目標設定でも意味を成しません。希望や願望ではなく、その目標が現実的な内容かどうかを見極めることが大切です。

目標が実現可能かどうかを確かめるためには、過去を振り返ることから始めます。過去に達成してきた目標のレベルより、少し高めに設定することで実現可能性のある目標を定めることができるでしょう。

❹R：Relevant（関連性があり）

設定する目標は、達成する関連性が高いもの（Relevant）ではなくてはなりません。あまり重要ではない目標を数多く設定することは、より重要な目標の達成を妨げる要因となります。

次の質問に対して、「イエス」といえる目標を設定する必要があります。

- その目標の達成は自身にとって、価値があるものか？
- その目標の達成に向けて動き出す時期は、今が適切か？
- その目標は、他の定めた目標と重なり合う部分があるか？
- その目標は、「私」が達成する必要があるか？　他の誰かではダメか？

❺T：Time-bound（時間的な制約がかけられている）

目標を設定する際には、達成するまでの期日（Time-bound）を設ける必要があります。時間的な制約を自ら設けることにより、目標達成に向けて逆算して考えることができると同時に、集中して取り組むことができます。

SMARTゴール以外にも、「ベーシック法」「HARDゴール」などの目標設定のフレームワークは数多くありますので、チェックしてみてもよいでしょう。

2 ― メンバーが、自分の目標に納得感を持っていること

目標はトップダウンで上から下ろすのではなく、メンバーが達成したいと思えるような目標を、なるべく主体性を持って自己決定してもらうことが重要です。そのためにはまずは一人ひとりが自分の目標を考えた上で、マネージャーとすり合わせを行うようにしましょう。

3 ― 個人目標の方向性が、会社やチームが目指す方向と一致していること

個人の目標が、会社・チームの目標の方向性と一致していることは非常に大切です。例えば、次のような個人の目標を掲げたとします。

■ 1カ月に10冊のビジネス書を読む

本を読むことが、会社・チームが掲げる目標の達成につながるでしょうか？ まったく関係しないわけではないものの、関連性は低いでしょう（もちろん、個人の目標としてビジネス書を読むことが悪いわけではありません）。

会社・チームの目標を踏まえて、個人の目標を設定するのが正しいあり方です。個人の成長が組織の成長と一致するため、アライメント（連携）やエンゲージメントが向上し、パフォーマンスの最大化につながっていきます。

目標管理において気をつけたいポイント

「良い目標」を立てても、管理できていなければ意味がない

いくら良い目標を立てても、その達成を後押しするための「目標管理」がなければ意味がありません。目標管理においては、下記のようなポイントに注意するとよいでしょう。

- 目標の進捗確認ができる仕組みがあること
- メンバーが日頃から自分の目標を意識できていること
- 目標達成に向けたハードルが生じた際に、サポートができること

1 目標の進捗確認ができる仕組みがあること

目標の進捗確認は、なるべく短いスパンで実行する必要があります。短いスパンで進捗を確認することで、達成に向けたハードルを早めに察知し、行動の修正をすることが可能だからです。

実際に多くの組織では、マネージャーがメンバーの現状把握と目標管理に日々必死になっています。プレイングマネージャーが当たり前となった昨今では、それによってマネージャーが自分の仕事をする時間をなかなか確保できない……といった声も聞かれます。

このような状況の中では、「いかに管理コストを減らして、メンバーの目標達成をサポートするか」を考える必要があります。

例えば目標管理ツールを導入して、メンバー一人ひとりが目標の進捗を簡単に更新できるようにする、もしくは目標の進捗について話す場を定期的に設けるなど、目標管理を仕組み化することが重要になります。

2 メンバーが日頃から、自分の目標を意識できていること

目標管理においてありがちなのが、「目標を立てたけれど、意識されず放置状態になっている」というケースです。そうなると、せっかく良い目標を立てても形骸化してしまい、意味を成さなくなってしまいます。

したがって、なるべく頻繁に目標を意識する機会を設けることが大切になります。日々の数字を追うような営業職であれば当たり前かもしれませんが、他の職種であっても、少なくとも2週間に一度程度は目標進捗を確認する機会を持ちましょう。それには、第5章で解説する1on1の機会を活用することも有効です。

とくに目標設定のサイクルが半年〜1年と長めになっている場合、この傾向は顕著になります。ですので目標の対象期間も、四半期くらいの長さにすることがお勧めです。

3 目標達成に向けたハードルが生じた際に、サポートができること

適切な目標を設定し、進捗をこまめに追いかけていたとしても、それでも目標を達成できるとは限りません。日々の仕事を進める中で、目標達成を阻む様々なハードルが目の前

に立ちふさがってくることでしょう。

大切なのは、そのハードルを早めに察知し、解除するためのサポートを行うことです。メンバーの目標進捗が思わしくない場合には、なるべく迅速にコミュニケーションをとるようにしましょう。

メンバーに下記のような投げかけを行うことで、目標達成に向けたハードルの存在に気が付いたり、行動を修正したりしやすくなります。

■目標を達成するために、最もインパクトの高いアクションは何か
■目標を達成するために、最もハードルになっていることは何か
■自分自身の行動を振り返って、目標達成への最短距離を走っていると思うか
■目標達成に大きく近づくために、思い切ってできる大胆なことはないか
■同僚やマネージャーにサポートしてほしいことは何か
■目標を変更する必要はないか

目標フレームワークの代表例
MBO・OKR・KPI

目標の設定・管理をうまく機能させるために、多くの企業がフレームワークを取り入れています。最後に、代表的な3つのフレームワークをご紹介します。

MBO（Management by Objectives）
目標と評価が結びついたフレームワーク

OKR（Objectives and Key Results）
組織の目標と従業員の目標を結びつけるフレームワーク

KPI（Key Performance Indicator）
プロジェクトや部署の目標を達成するためのフレームワーク

この中で、多くの日本企業で採用され、主流といえるのがMBOです。目標に対する達成度で人事評価を下すフレームワークとして普及しています。

MBOは、あらかじめ、評価者と被評価者の間で達成すべき目標を設定し、その目標を上回る成果を上げた場合は評価が高くなり、逆に目標を下回った場合は低い評価が下される、というシンプルな仕組みです。

多くの場合、半年に一度ほどのペースで評価面談が行われ、目標の進捗状況の確認や新規目標の設定とともに、人事評価が下されます。

MBOは職務と紐づいた目標を設定します。そのため、メリットとして、常に目標を意識しながら業務に取り組むことができ、パフォーマンスの向上を望めます。

しかしMBOには弱点があります。最大のネックは、現代に求められるマネジメントに適していないという点です。

ビジネスの環境の変化は以前にも増して加速しています。多くの企業が実践する半年に一度の目標更新ではその変化に追いつくことはできないのが実状だと思います。

また同時に、半期という長い期間の間に設定した目標が忘れ去られてしまいがちであること、評価がたった一度の短い評価面談で決定してしまうことに対するメンバーの納得度の低さなども、デメリットとして挙げられます。

人材の多様性が増す現代において、半期に一度の評価面談だけで一括りに従業員を管理することは、難しいと言わざるを得ないでしょう。

対して、それらの弱点を克服できるのがOKRです。Googleやインテルが導入したことで注目を集めている新しい仕組みでもあります。

OKRの特徴は、企業の目標と従業員の目標がしっかりと紐づいていることです。

OKRを設定する際には、達成する目標（Objectives）を定めることから始めます。その後、達成のために必要な要素を成果指標（Key Results）として分解していきます。

企業のOKRを決めたら、次に、チーム・従業員のOKRを同様に決定します。そうすることで、企業が定めた目標（Objectives）が階層的にそれぞれの従業員まで降りていき、企業の目標と従業員の目標がリンクします。

MBOとの違いは次の3点が挙げられます。

❶振り返りのタイミング

MBOは半期に一度の評価面談が振り返りの機会です。一方で、OKRはより高頻度での進捗確認や、目標のすり合わせが望まれます。チーム・従業員目標が企業目標と密接につながっているため、頻繁にすり合わせてズレを防止するためです。一般的に、四半期に一度、OKRを行うことがよいとされています。

❷目標の位置づけ

MBOは目標の達成度合いが人事評価に直結するため、目標の進捗度合いや達成度はクローズドに扱われることが一般的です。

一方で、OKRはあくまで目標管理のフレームワークであり、評価制度とは根本的に異なります。それゆえに、オープンな状態であるほうが自然といえます。

〔図表14〕組織の目標と従業員の目標を結びつけるOKR

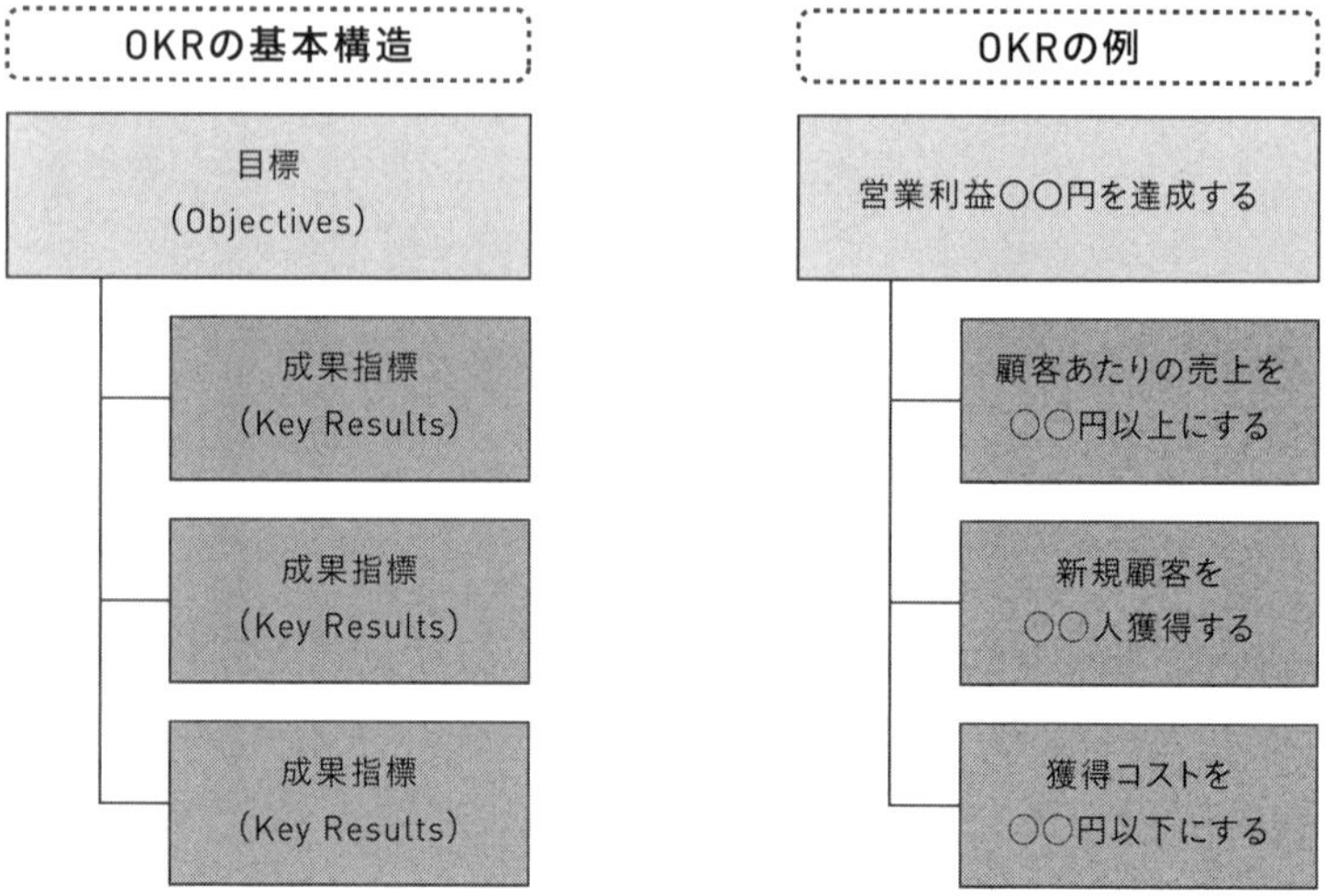

❸目標の達成度

ＭＢＯは１００％以上の達成度が求められます。なぜなら目標の達成度が人事評価に直接結びつくからです。そのため、「わざと目標値を低く設定してしまう」といった弊害も存在しています。

対照的に、ＯＫＲは60～70％の達成度が良いとされています。自身が可能と考える設定値よりも高い目標値を設定することで、格段の進歩を遂げることを目指しているためです。

ＯＫＲ導入のメリットは次の３点が挙げられます。

❶企業目標を常に従業員に示すことができる

ＯＫＲにおいて最終的に達成したいことは「企業の目標」です。その企業目標と従業員の目標が深く結びついているため、常に企業目標に向かい従業員を動かすことができます［図表14・15］。

❷目標の進捗度合いの透明性を確保することができる

ＯＫＲは人事評価制度とは無関係であるため、各チーム・従業員の目標の達成度合いに透明度を持たせて共有することができます。それによって企業の目標達成に向けた課題感を発見することができます。

❸従業員が高みを目指すことができる

ストレッチゴールと呼ばれる、高めの目標を設定することにより、従業員がより高いレベルを目指すことができます。

〔図表15〕組織目標が個人へ伝わる仕組み

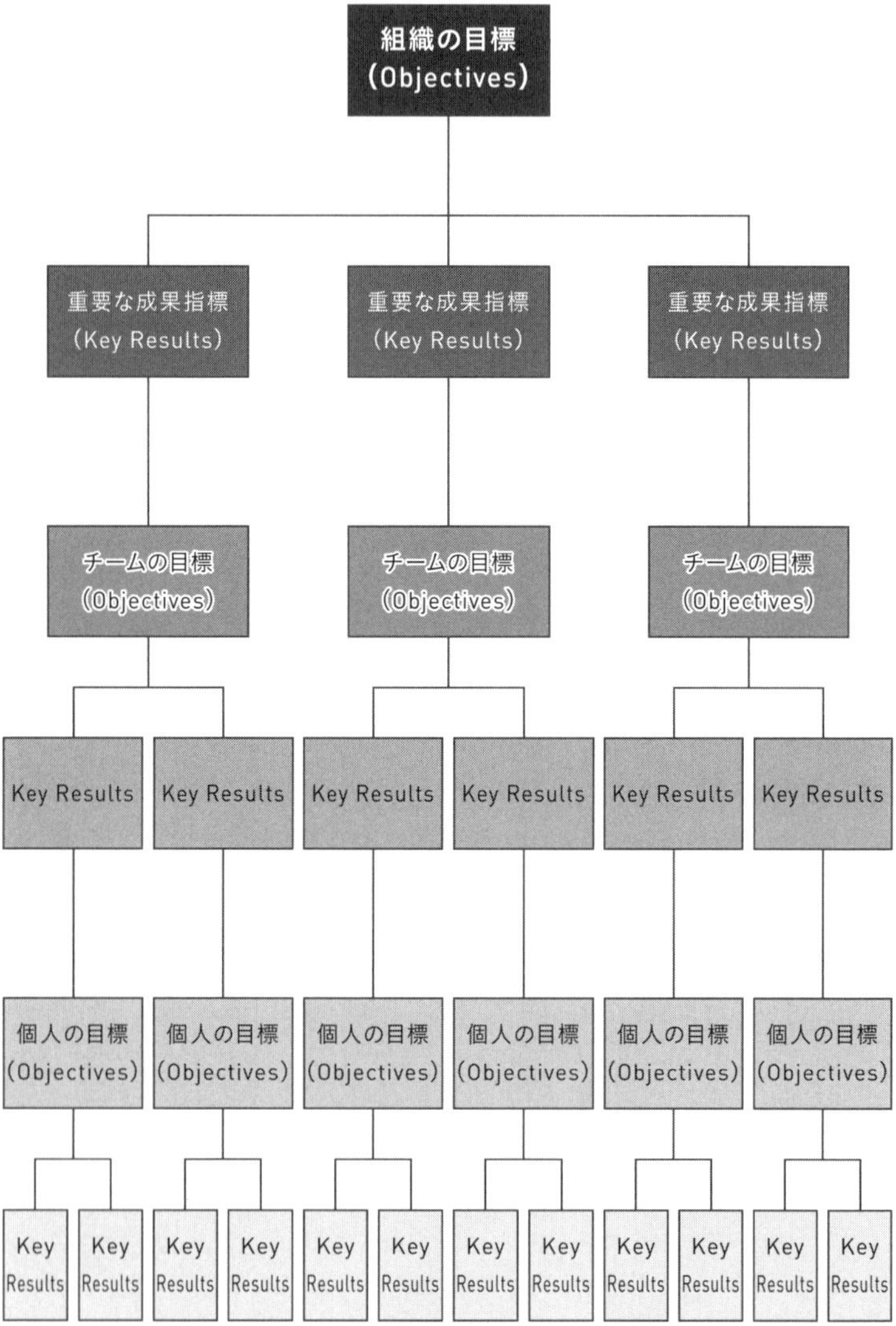

本書ではMBO、OKRについて述べましたが、KPIも含めた目標設定・管理のフレームワークにはそれぞれメリット・デメリットがあります。よく認識した上で取り入れるようにしましょう。

MBO

メリット

■目標と職務が結びついている
■自身で目標を設定できる

デメリット

■半期に一度の目標更新ではビジネス環境の変化に対応できない
■半年経つ間に、設定した目標が忘れ去られてしまう
■半期に一度かつ短い面談で評価が決まるため納得度が低い

OKR

メリット

■企業目標を常に従業員に示すことができる
■目標の進捗度合いの透明性を確保することができる
■従業員が高みを目指すことができる
デメリット
■具体的な目標値（定量目標）に落とし込めない場合がある
■高すぎる目標によって、従業員のモチベーションが下がることがある

KPI

メリット
■プロジェクトや部署の目標達成に向けた進捗状況を確認することができる
■プロジェクトや部署が抱えている課題感を見つけることができる
デメリット
■仕事の「量」が重視されることで、「質」が下がりやすい
■イノベーションが起こりにくい

目標設定・管理の事例

先進的な目標設定・管理の事例を2社紹介します。

KPIとOKRを組み合わせた独自の目標管理の仕組み

ラクスル株式会社

ネット印刷の「ラクスル」をはじめとしたBtoBシェアリングプラットフォーム事業を展開するラクスル株式会社では、2019年よりKPIとOKRを組み合わせた指標を管理、運用しています。そのコンセプトは、「イノベーションのジレンマを越える」こと。

〔図表16〕目標設定の考え方

	持続的なイノベーション	非連続なイノベーション
推奨したいこと	短期でルーフショットを目指す ・必達の目標設定（達成率100％が前提） ・“課題”と“打ち手”を経営と議論（事業計画との差分）	中期でムーンショットを目指す ・ストレッチングな目標設定（達成率70～80％が前提） ・“率直”かつ“建設的”な経営との議論（≒透明性の担保）
推奨しないこと	フワフワした目標設定 ・「解像度の低い課題設定」 ・「打ち手の実効性がない」 ・「期限が守れない」	非連続なフリをした目標設定 ・「スローガン倒れのゴール設定」 ・「連続のストレッチ目標」 ・「チームの巻き込みがない個人目標」
測り方	KPI ・達成率が評価に直接リンクする（経営の恣意性が入る余地はない） ・一律の尺度で公平に評価	OKR ・達成率は評価に直接リンクしない（経営がキャリブレーション） ・一律の尺度で公平な評価は難しい

出典：ラクスル株式会社『ラクスル株式会社における目標設定の考え方』
（同社提供の情報を元に作成）

〔図表17〕評価の考え方

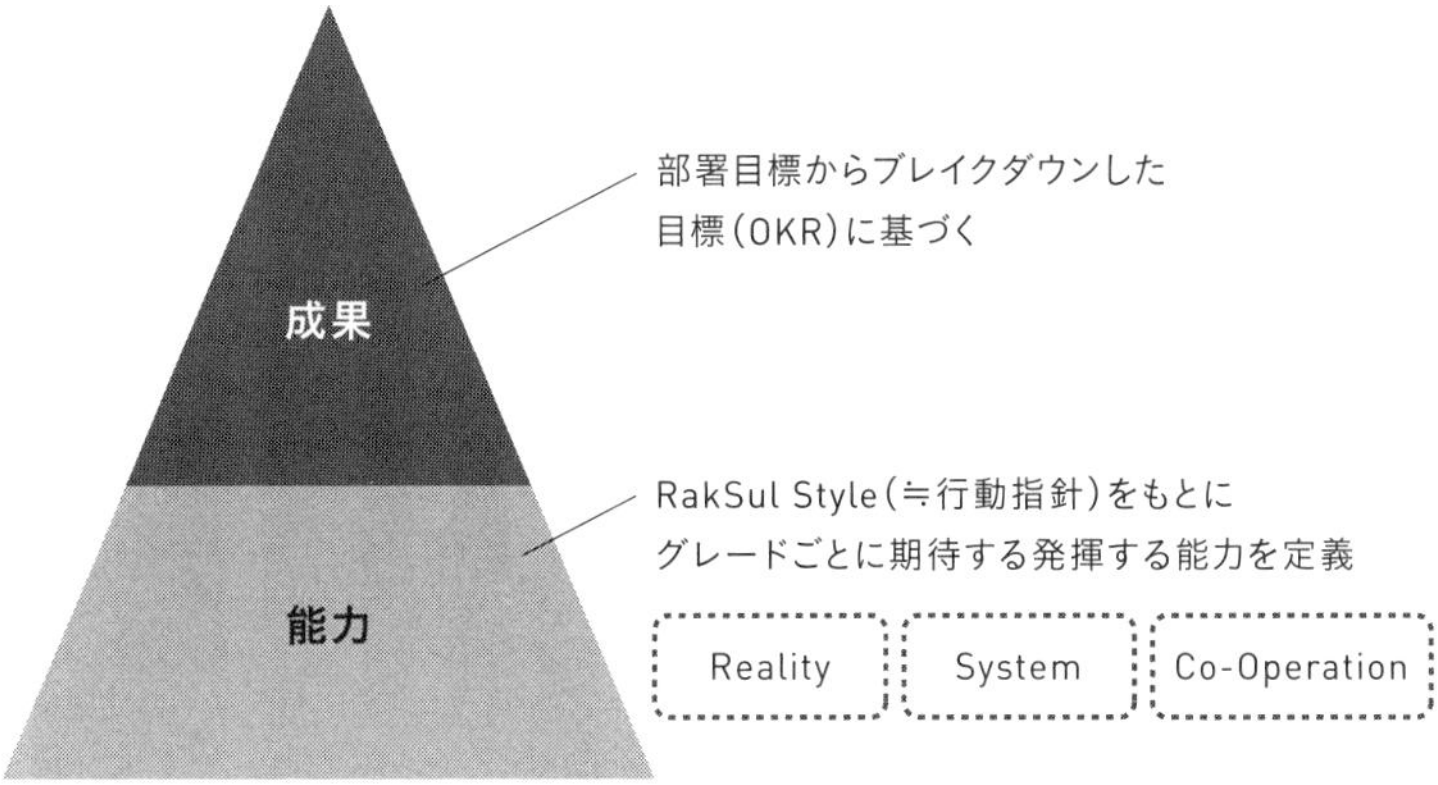

出典:ラクスル株式会社『ラクスル株式会社における評価の考え方』
(同社提供の情報を元に作成)

持続的なイノベーションを磨きながらも、非連続なイノベーションを起こす。連続・非連続双方の成長を実現するために、KPIとOKRを棲み分けて、組織の目標として半期ごとに設定しています[図表16]。

そして一人ひとりの評価においては、成果:能力を50:50で評価します。成果については、個人ごとにOKRを設定し、その達成度合いが反映されます[図表17]。

一方で能力においては、同社の行動指針である「RakSul Style」に基づき、グレードごとに期待する発揮能力を定義した上で、それに対して評価がなされます。Vision体現と成果の双方を重視した評価制度です。

自社のフェーズに合わせて柔軟に目標制度を設計

株式会社ミラティブ

スマートフォンから気軽にゲーム実況ができる「Mirrativ」を運営する、株式会社ミラティブは、「OKRの運用をやめた」企業のひとつです。

同社は、2018年2月の設立後、同7月からOKRを導入。そのメリットを感じる一方で、事業の成長や拡大に伴い下記のような難しさも見えてきました。

- ムーンショット（困難）目標ではなくルーフショット（必達）目標で事業推進をすべき成長フェーズになった
- ムーンショット目標では達成度合いの判断が難しく、それが明確な振り返りからの改善を難しくし、メンバーへの腹落ちも難しくなった

■パニックゾーンでもコンフォートゾーンでもない目標が曖昧な印象を与えるフェーズとなり、結果的にコミットメントの行先が曖昧になった
■部署や職種によっては、そもそもムーンショット目標がフィットしないケースがある
■個人の必達目標がないがゆえに、個人評価が曖昧になっていた

そこで同社では、2020年に、OKRを独自カスタマイズした「PKA」という独自の目標制度を設立しました。PKAは、「P：Promise（必達する定量約束）」と「KA：Key Action（Pのための重要行動）」で構成されます。PKAにおいては、売上やユーザー指標などの全社的重要経営指標（P）を経営側で決定し、100％の達成を目指します。またKAは直接的にPを追うチームだけが設定しています。

PKAへと移行した大きな理由としては、

■事業成長に伴い、ムーンショット的な挑戦から、ルーフショット的な挑戦のフェーズに会社全体を集中させる

■部署や職種ごとに、最適な目標の在り方やPDCAスピードにフィットするスタイルに移行する

■チームの目標だけではなく、個人の目標・評価制度をしっかりと運用させる

このように、売上や事業フェーズ、従業員数などに応じて、柔軟に目標制度を進化させていくことが重要です。

第4章のまとめとチェックポイント

ピープルマネジメントの出発点となるイベントが、「目標設定・管理」。メンバーやチームのパフォーマンスを最大化する上では、目標制度の設計と運用がカギ。

■目標には、「方向づけ」と「モチベーション」という2つの意義がある。正しく目標を設定できれば、組織の戦略実行の推進力は大いに高まる。

■目標設定においては、「進捗や達成の可否を、明確に測れる目標であること」「メンバーが、自分の目標に納得感を持っていること」「個人目標の方向性が、会社やチームが目指す方向と一致していること」が重要。

■目標管理においては、「目標の進捗確認ができる仕組みがあること」「メンバーが日頃から自分の目標を意識できていること」「目標達成に向けたハードルが生じた際に、サポートができること」が重要。

■MBO、OKR、KPI等、自社に合った目標管理のフレームワークを活用することは有効。

第5章

ピープルマネジメントの潤滑油「1on1ミーティング」

メンバー一人ひとりに向き合って伴走する「1on1」

1on1は、ピープルマネジメントを円滑にするイベント

次は1on1ミーティング（以下1on1）。ピープルマネジメントを円滑にする役割を担うイベントです。

ここまで1on1を「マネージャーとメンバーの対話の場」としていましたが、正確には、メンター（多くの場合は上司・マネージャー）とメンティ（部下・メンバー）が一対一で対話をする場を指します。

目的は、個人のパフォーマンス向上です。マネージャーがメンバーに対し一方的に批評をするのではなく、メンバー個人のパフォーマンスを上げるための場となります。

頻度や時間などは必要に応じて異なりますが、多くの企業では、月1～2回、1回30分

ほどで行われています。

なぜ1on1が広まっているのか？

そもそもなぜ、この1on1という形が広がっているのでしょうか？

「1on1という場をわざわざつくらなくても、普段からマネージャーがメンバーの成長に関する話をすればよいのでは……」という意見を持つ人もいるかもしれません。

しかし多くの企業では、マネージャーの頭の中は目標達成でいっぱいです。したがって、マネージャーとメンバーの会話の多くも、チームの目標達成に関わることになりがちです。

そこで、マネージャーが確実にメンバーと向き合う機会をつくり出すために、1on1という場を設けているのです。

1on1のメリット

では、1on1にはどのようなメリットがあるのか考えてみましょう。

まず、メンティ側にとってのメリットは次の通りです。

■こまめに相談をする機会を持つことができる
■短いスパンでサポートを受けることができるので、業務の改善につなげられる
■自ら内省するスキルが高まる
■アイデアや改善案を自分から提案することができる
■マネージャーとの関係性が向上し、コミュニケーションが円滑になる

メリットはメンティだけに限りません。聞き役、サポート役のメンターにもメリットがあります。次の通りです。

■業務パフォーマンスに影響がありそうなメンバーの情報を知ることができる
■組織のビジョンやミッション、方向性に対するメンバーの理解度を確認できる
■メンバーが困っていることをキャッチアップできる
■中長期のメンバーのキャリアについて対話することができる

■メンバーとの関係性が向上し、コミュニケーションが円滑になる

これらはほんの一部です。質の高い１ｏｎ１を行うことで、組織に様々なポジティブな効果が生まれます。

1on1の運用で気をつけたいポイント

1on1を実りある時間にするために

1on1にも様々な運用法がありますが、確実に押さえるべきポイントは以下の3点です。

■あくまでもメンバー（メンティ）側が主体の時間にすること
■メンター側がティーチング、コーチング、フィードバックを使い分けること
■組織全体で担保すべき頻度を設定し、徹底すること

それぞれ説明していきます。

⬇あくまでもメンバー（メンティ）側が主体の時間にすること

1on1の主役は、あくまでもメンティです。メンティに話をしてもらうことが重要になります。メンターは聞き役で、傾聴の姿勢に徹しなければなりません。そして、必要に応じて質問を挟んでメンティの成長をサポートします。

よくあるのが、メンティの話に耳を傾けず、指導に熱が入って評価面談のようになってしまうというものです。マネージャーから部下への一方的な指示・命令やアドバイスに終始する、といったパターンです。

そうなると、1on1の時間がまったく無意味になります。メンティの話を引き出す場であることを肝に銘じてください［図表18］。

メンターからの支援内容は、具体的に以下の3つに大別されます。

❶業務支援

〔図表18〕メンターとメンティが1対1で対話

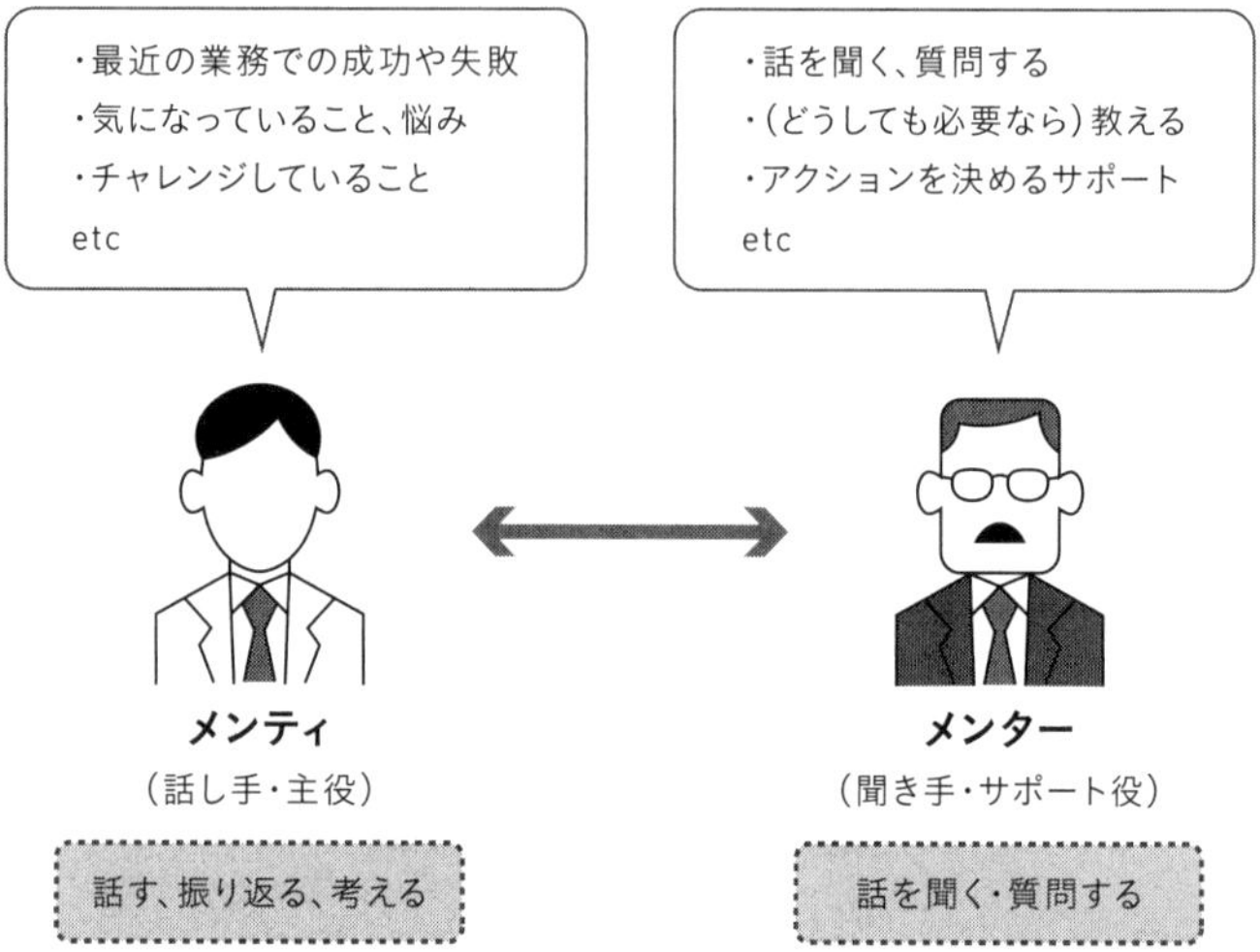
・最近の業務での成功や失敗
・気になっていること、悩み
・チャレンジしていること
etc
・話を聞く、質問する
・（どうしても必要なら）教える
・アクションを決めるサポート
etc
メンティ
（話し手・主役）
話す、振り返る、考える
メンター
（聞き手・サポート役）
話を聞く・質問する

❷内省支援
❸精神支援

❶の業務支援は、メンバーが業務を遂行する上で困っていることがないかを確認し、何かしらのハードルがあればその解決をサポートすることを意味します。

❷の内省支援は、直近の業務などの振り返りを通じて、メンバーの考えを深めたり、気づきを得られるような支援を意味します。将来的なキャリアや、自身の成長についてメンバーが話したいときも、この内省支援が役立ちます。

❸の精神支援は、職場環境や人間関係で不安に感じていることや、仕事だけでなく

プライベートで気に掛かっていることも含めて、精神的な負荷軽減をサポートすることを意味します。

こうした3つの支援を通じて、メンバーの成長をサポートすることが、1on1の質を高める基本になります。

➡メンター側がティーチング、コーチング、フィードバックを使い分けること

業務支援、内省支援、精神支援を効果的に実践するには、メンターは「ティーチング」「コーチング」「フィードバック」のスキルを駆使し、部下の成功に向けて伴走することが必要になります。

中でも重要視されるのはコーチングです。

コーチングとティーチングの違いをご存じでしょうか?

コーチングは、対話によって目標達成や問題解決をサポートするマネジメント手法で、質問を通じて本質的な課題に気づいてもらい、解決のための自発的な行動を促します。相

手の中にある答えを引き出すのがキモです。

一方でティーチングは、自分の持っている知識や技術、ノウハウを与えるマネジメント手法となります。目的は指導ですから、こちらは相手に答えを教えるのがキモです。

ピープルマネジメントにおいて、コーチングをすべき場面なのにティーチングになっている、というケースは往々にしてあります。

前述した通り、１ｏｎ１でマネージャーが一方的に部下に対して指導を行い、評価面談のようになってしまっては意味がありません。

コーチング、ティーチング、フィードバック、それぞれの特性や必要なスキルを頭に入れ、場面に応じて使い分けることが重要になります。もちろん、日常のコミュニケーションでも、その使い分けを意識すべきでしょう。

フィードバックについては、第６章で後述していますので、そちらもチェックしてみてください。

➡組織全体で担保すべき頻度を設定し、徹底すること

1on1の適切な頻度や時間は必要に応じて異なりますが、お勧めは、隔週に一度以上実施することです。

1on1の価値は「こまめで定期的なコミュニケーションである」ということにあります。例えば1カ月前に起こったことを、わざわざ1on1で相談しようとはなかなか思えませんよね。したがって、メンティが抱えている課題をリアルタイムでキャッチできるように、なるべく高い頻度で実施する必要があるのです。

また、頻度高くコミュニケーションをとることでお互いの信頼関係も深まり、相談やサポートもしやすくなります。

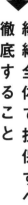

1on1で使える「質問集」

前述した通り、1on1で求められるのはコーチングスキルであり、「質問力」が重要になります。メンバーの思いを引き出して成長をサポートできるかどうかは、マネージャーがどんな質問を投げかけるかにかかっているわけです。

そこで、1on1で使える質問の例を、シーンごとにまとめました。

❶アイスブレイクに役立つ質問

1on1の冒頭では、アイスブレイクをし、コミュニケーションを取りやすい雰囲気をつくることが重要です。次がそのシーンで使える質問例です。

1. ○○（社内のニュース）についてどう思いましたか？
2. 最近、忙しそうですね。ワークライフバランスはどうですか？
3. 最近、何か良いことありましたか？

❷コンディションの確認に役立つ質問

1on1中に、メンティの最近のコンディションについて確認することで、メンタルケアや「びっくり退職の防止」に役立ちます。次がそのシーンで使える質問例です。

1. 最近、何か心配事はありますか？
2. 最近、仕事をしていて幸せですか？　それはなぜですか？
3. 仕事の中で楽しくないことはありますか？

❸関係構築のフェーズで役立つ質問

1on1で深い話をするためには、メンティとの関係を構築しなければなりません。次がそのシーンで使える質問例です。

1. 普段、仕事でどのようなことにやる気を感じますか?
2. 学生時代、熱中していたことはありますか?
3. 最近、気になったニュースはありますか?

❹目標設定に役立つ質問

メンティが目標設定に悩みを抱えていたり、うまくいっていない場合があります。次がそのシーンで使える質問例です。

1. 5年以内、3年以内、1年以内にこれだけは成し遂げたいと思うことはありますか?
2. この会社で成し遂げたい大きなことは何かありますか?
3. もし〇〇さん(メンティの尊敬しているであろう人)があなたの仕事をするとしたら、どのような目標を立てると思いますか?

❺目標達成のサポートに役立つ質問

1on1の場で、メンティの目標達成をサポートしたいと思うことがあると思います。次がそのシーンで使える質問例です。

1. 目標達成のためにどのようなサポートを必要としていますか？
2. 最近の仕事量はどうですか？　働きすぎ？　程よい？　少し余裕がありますか？
3. 中長期の目標に対して、私が何かひとつ助けられるとしたらどんなことがありますか？

❻成長やキャリア形成のサポートに役立つ質問

1on1で、メンティの成長やキャリアに関する悩みを解消したり、気づきを与えることも重要です。次がそのシーンで使える質問例です。

1. あなたの仕事を進める上で重要となるスキルはどのようなものですか？　そのスキルについてあなた自身は100点満点中、何点くらいですか？

2. 会社が手がける領域でもっと学びたいと思うことはありますか？
3. 最近、チャレンジしていると感じますか？　それはなぜですか？
4. 会社の中で「この人から学びたい」と思う人はいますか？　もしいるならどのようなことを学びたいですか？

❼チームワークのサポートに役立つ質問

職場の人間関係やチームワークに悩みを抱えているメンティは多いです。次がそのシーンで使える質問例です。

1. 最近同僚との関係性はどうですか？
2. 助けを必要としたときに、チームメンバーは助けてくれますか？
3. チームの会議をより良くするためのアイデアはありますか？
4. あなたの仕事の中で、チームから過小評価されていると感じる仕事はありますか？

❽目線を会社目線に切り替えるのに役立つ質問

ときにはメンティの目線をメンバー目線から会社目線に切り替えることも必要です。次がそのシーンで使える質問例です。

1. あなたがCEOだったら、一番最初に何を変えますか？
2. 会社で最も大きい問題は何だと思いますか？　それはなぜですか？
3. 会社のカルチャーで変えたい部分はありますか？

こうした質問を活用しながら、1on1の質を高めていきましょう。

1on1の事例

先進的な1on1の取り組みを行っている事例を3社紹介します。

1on1が「人材流出」も防止する!?

デル・テクノロジーズ株式会社

情報インフラに関するテクノロジーとソリューションを提供するデル・テクノロジーズ株式会社では、組織全体でマネージャー・メンバー間での1on1を運用しています。

基本的には、2~3週間に一度、1回約30分で対話が実施されます。

その内容には、目標に対しての進捗や直近の業務の話に加えて、希望するキャリアプランやプライベートの相談なども含まれています。法人営業統括本部の内勤営業チームに所属する、とあるマネージャーの方が毎回必ず議題にしていることは以下の通りだそうです。

❶ターゲットに対する数字の組み立ての進捗確認
❷顧客ごとの攻略プランの共有、進捗確認
❸最近のアピールポイント

とくに、日本人が苦手とする「自己アピール」ができる機会をあえて設けていることが特徴です。お客様に褒められたこと、チームメンバーや外勤に感謝の声をいただいたこと、案件獲得でうまくいった事例等、アピールは多岐にわたります。最初は謙遜して恥ずかしそうに話をしているメンバーも、話しているうちにだんだんと自身に溢れた表情に変化してくるそうです。

また、メンバーのキャリアについて1on1でヒアリングすることで、それを実現するためのサポートを実施し、他の職種への異動を実現させた事例も数多くあるといいます。個人のキャリアプランに合わせたゴールを社内で設定することで、マイルストーンを設定し、着実な成長を実現することができます。

加えて、メンバーがキャリア実現のために離職してしまう可能性を察知できるというメリットもあるそうです。優秀な社員を流出させず、適材適所に配置するためのヒントも1on1には隠されているのです。

「KPT」のフレームワークで有意義な1on1を実現

クックパッド株式会社

「毎日の料理を楽しみにする」という企業理念のもと事業を展開するクックパッド株式会社では、組織全体で幅広く1on1を実施しています。その中でも、生鮮食品EC「クックパッドマート」を開発・運営する買物事業本部の事例を紹介します。

同部では、明確にルールは定めていないものの、基本的にメンバーとその上長で月に一度、30分の1on1を実施しています。実施する目的は、お互いの理解を深め、仕事の期待値に対するズレをなくしていくことがメインになります。

- 振り返りと短期的なフィードバック
- 業務のキャッチアップ
- 目標設定や評価などのキャリア構築

振り返りを行う際には「KPT（※）」のフォーマットを用いることで、話す内容をあらかじめイメージしやすくしています。また、「トライすべきこと」を双方で議論することで、お互いの納得感を高める効果もあります。

※K：keep＝良かったこと（今後も続けること）、P：problem＝悪かったこと（今後はやめること）、T：try＝次に挑戦すること、の3つの要素に分けて現状分析を行うフレームワーク

繰り返しの1on1を通じて、上長はメンバーに対する理解度が上がり、フィードバックを送りやすくなったそうです。また、メンバーの業務への向き合い方が変わり、オーナーシップを持って業務に取り組めるケースも増えてきました。

本情報は2019年12月時点のものであり、現在は変更されている可能性があります。

「鼎談」が1on1の質を向上させる

株式会社SmartHR

クラウド労務ソフトを開発する株式会社SmartHRでは、隔週30分、被評価者と評価者のペアで1on1を実施しています。

その目的は、期末評価における「サプライズ」をなくすこと、そしてメンバーが評価者に相談できる場をつくることです。実際、84%の従業員が(※2020年8月時点)「1on1は自分にとって役立っているか?」という質問に対して「Yes」と回答しています。

〔図表19〕SmartHR社における「鼎談」のイメージ

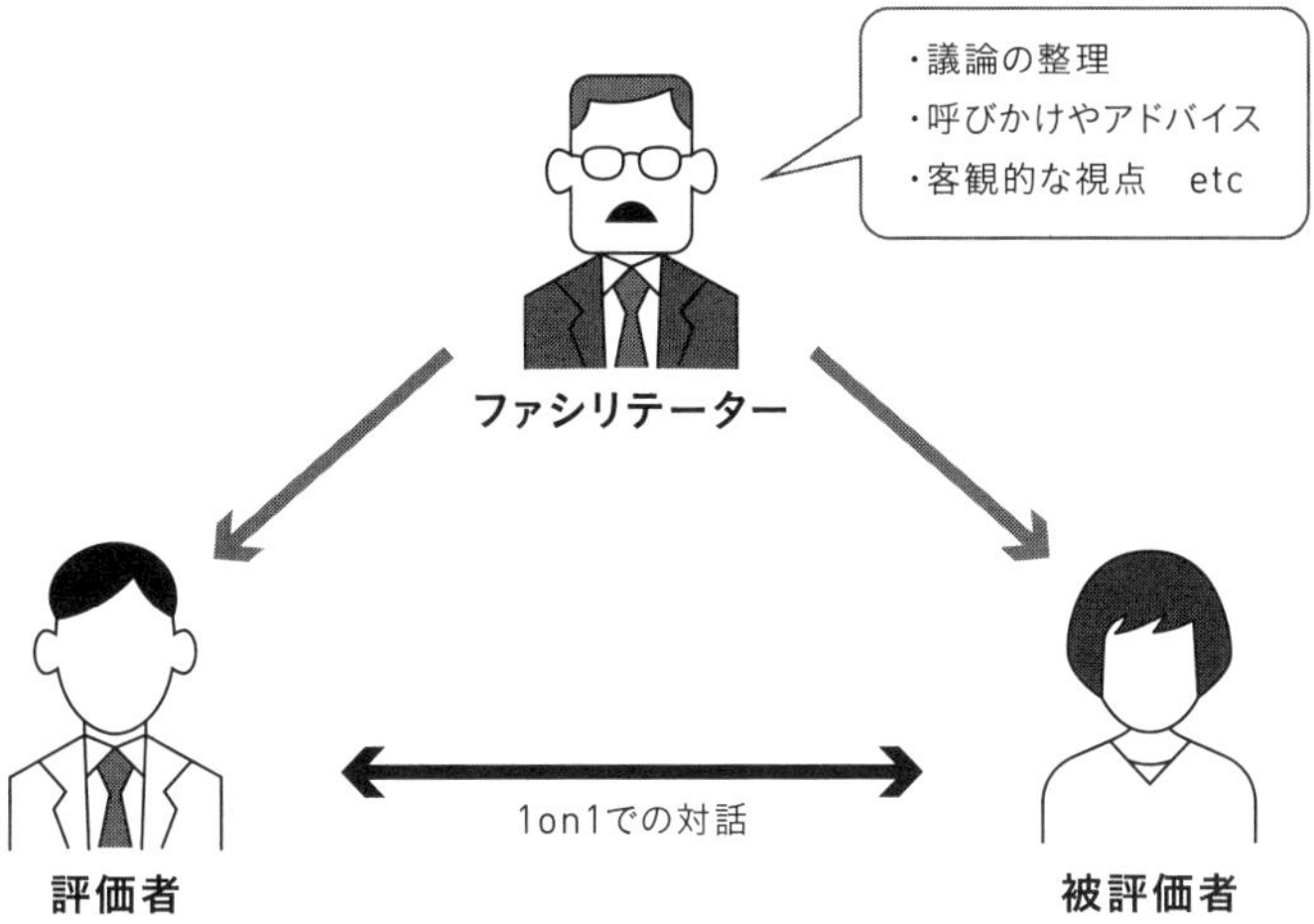

1on1は文字通り2名で行いますが、その質を高めるための試験的な取り組みとして「鼎談《ていだん》」があります。鼎談とは、「3人で卓を囲んで話し合う、会談をすること」。実際には、評価者（メンター）と被評価者（メンティ）に加えてファシリテーターを追加します［図表19］。

1on1に第三者が入ることで、場の心理的安全性が高まる、1on1初心者に向けてフィードバックができる、一対一の対話による緊張が緩和される……といった効果があるといわれています。

ファシリテーターにつく場合のコツやテクニックとして、例えば評価者と被評価者の間で、「早くやりましょう」という会話があったとします。この「早く」について、2人の認識は揃っているでしょうか？　この場合、ファシリテーターが「早く、とはどのくらいですか？」などと投げかけることで、相互の認識を揃えることができます。

また、事前に評価者と被評価者の「2人の関係性の距離感」など、2人きりだと話しづらい話題がある場合にファシリテーターが入り、お互いの認識の差を確認していき、本音で話すためのきっかけをつくる……といった試みも始めています。

第５章のまとめとチェックポイント

1on1は、メンター（多くの場合は上司・マネージャー）とメンティ（部下・メンバー）が1対1で対話をする場。ピープルマネジメントを円滑にする役割を担う。

■ 1on1の目的は、個人のパフォーマンス向上。マネージャーがメンバーに対し一方的に批評をするのではなく、メンバー個人のパフォーマンスを上げるための場。

■ メンティにとっての1on1のメリットは、こまめに相談ができることで業務を改善できること、内省のスキルが高まること、マネージャーとの関係性が良くなること等がある。

■ メンターにとっての1on1のメリットは、課題を抱えているメンバーを把握しやすい、メンバーが困っていることをキャッチアップできる、メンバーとの関係性が良くなること等がある。

■ 効果的な1on1の運用のためには、「あくまでもメンバー（メンティ）側主体の時間にすること」「メンター側がティーチング、コーチング、フィードバックを使い分けること」「組織全体で担保すべき頻度を設定し、徹底すること」が重要。

第6章

ピープルマネジメントの終着駅「フィードバック」

「人事評価面談」だけでは、フィードバックは不十分

フィードバックは、人の成長をサポートする

最後はフィードバック。ピープルマネジメントの終着点となるイベントです。

「フィードバック」自体は、様々な意味合いを持つ言葉です。ピープルマネジメントの文脈においては、成長をサポートしたい相手に対し、その人のパフォーマンスの良し悪しを伝え、成長につなげることを指します。フィードバックの対象は、その人の行動やふるまい、姿勢などです。

ビジネスシーンでは、評価面談での上司から部下へのフィードバックが一般的です。ただ、フィードバックはその方式だけでなく、同僚からの360度フィードバックや、部下から上司に対するフィードバックなど様々な種類があります。（以下では便宜上、上司から部

下のフィードバックを前提とします）

➡「評価」と「フィードバック」

「フィードバック」と聞くと、「人事評価面談」を思い浮かべる方がまだまだ多いのではないでしょうか。しかし、人事評価面談で行われる「評価結果の伝達」だけでは、フィードバックとしては不十分です。

フィードバックは、英語でFeedbackと表します。「Feed」は「餌を与える」という意味であり、「Food」という「食べ物・栄養」を意味する言葉を語源としています。つまりフィードバックとは本来、対象となる相手の成長につながるような栄養を与えるものなのです。

したがって、評価の結果を伝えるだけではフィードバックとしては不十分です。結果だけを伝えていると、よくある「評価の納得感がない」という問題が発生し、それがエンゲージメントの低下にもつながってしまいます。正しいフィードバックを、正しい頻度でしっかりと伝えることが、ピープルマネジメントの実践においては非常に重要なのです。

⬇適切なフィードバックは、チームや個人のパフォーマンスを向上させる

フィードバックは、メンバーのパフォーマンスやエンゲージメント、チームワークに大きな影響を与えます。その具体的な利点としては、下記のようなものが挙げられます。

❶パフォーマンスの向上

フィードバックを受けることで、受け手は自身の改善すべき箇所を明確にすることができます。本当にフォーカスするべき箇所に労力を注ぐことができるため、短い時間で効率的に業務を進めることができます。

また、フィードバックによって自身の強みや弱みを自覚することで、業務の生産性を高めることができます。

❷エンゲージメントの向上

フィードバックを受けることで、「自分が上司や会社から何を求められているのか」が

わかります。それによってメンバーのモチベーションを刺激し、エンゲージメントを向上させることができます。

また高頻度でフィードバックを行うことで、評価面談の際に予想もしなかった評価を突然告げられる「びっくり評価」を回避できるため、離職の回避にもつながります。

❸関係性やチームワークの向上

フィードバックを通じて、受け手は自身の行動や言動が他者に及ぼしている影響を知ることができます。自身の影響力を自覚することで、メンバー同士やマネージャーとの関係性をより良くするための一歩を踏み出しやすくなります。

このように、適切なフィードバックを行えば一人ひとりが自身の状態を把握し、行動を修正することができるため、個人やチームのパフォーマンス向上につながります。

フィードバックにおいて気をつけたいポイント

フィードバックの「質と量」

このように数々の利点を持つフィードバックですが、その運用を誤ってしまうと逆効果です。具体的には、フィードバックの質と量を正しく担保する必要があります。

■印象論ではなく、事実情報に基づいた質の高いフィードバックを行うこと
■相手の成長につながるフィードバックを行うこと
■フィードバックの質と量を担保する仕組みを構築すること

では、一つひとつ見ていきましょう。

1 印象論ではなく、事実情報に基づいた質の高いフィードバックを行うこと

フィードバックで最も注意すべきなのが、マネージャーの「イメージ」だけで指摘をしてしまうことです。そうなるとフィードバックの効果が望めないばかりか、逆に個人やチームのパフォーマンスを下げる可能性もあります。印象論ではなく、事実情報に基づいて指摘することが重要です。

また、フィードバックでは良い点・改善点をともに具体的に伝える必要があります。そうすることで、どのような行動をとればよいのかを明確にすることができ、フィードバックを結果にしっかりと結びつけることができます。

〈NG：抽象的なフィードバック〉

「もっと効率的に仕事を終わらせてください」

〈GOOD：具体的なフィードバック〉

「リサーチ業務に時間がかかっているので、現状の半分くらいの時間で終わらせましょ

う。その分の時間を、情報をまとめる作業にあてて、追加のリサーチがもし必要ならその都度行ったほうが効率は良いと思います」

しかし、いきなり事実情報に基づいて具体的なフィードバックをしましょう…と言われてもなかなか難しいと思います。そこで、お勧めしたいフレームワークが「SBIモデル」です。次の頭文字をとってSBIモデルと呼ばれています。

❶S：Situation（客観的な状況）
❷B：Behaviour（客観的なその人の行為）
❸I：Impact（他者にどんな影響を与えたのか）

3つの視点から構成され、フィードバックをシンプルに行える点が特徴です。S↓B↓Iの順でフィードバックを伝えます。

❶S：Situation（客観的な状況）

まず、フィードバックの対象となる「状況」（＝Siltuation）を描写します。具体的には次の要素を含めるとよいでしょう。

- 時間
- 場所
- 何が起きたのか

重要な点は、意見などを含めず客観的に状況を描写することです。

❷ B：Behaviour（客観的なその人の行為）

状況を描写した後には、「行為」（＝Behaviour）を説明します。具体的には、次のような切り口からフィードバックを行います。

- どのような行動をとったのか
- どのような発言をしたのか

■どのような振る舞い方をしたのか

この段階においても重要な点は、客観的に「その人の行為」を描写することです。

❸I：Impact（他者にどんな影響を与えたのか）

SBIモデルの最後には、どのような「影響」（＝Impact）を与えたのかを、自身の意見とともに伝えます。基本的には、「他者にどのような影響を与えたのか」という視点でフィードバックを送ります。

Situation、Behaviour、Impactを一連の例で表すと、次の通りです。

Situation
「○○の営業先の準備をチームで行っているときに」
Behaviour
「営業先の資料を率先して収集してまとめてくれたよね」

Impact

「そうすることで、準備自体も円滑に進んだし、他のメンバーに刺激を与えていたよ。実際、いつも動いてくれない△△さんが自ら行動してくれた」

SBIモデル以外にも、「FEEDモデル」「McKinsey's model」などのフィードバックのフレームワークがありますので、ぜひ活用してみてください。

2 ― 相手の成長につながるフィードバックを行うこと

フィードバックは、あくまでも相手の成長のために行わなくてはなりません。そのためには、下記のような点に注意しましょう。

❶心理的安全性を確保する

フィードバックを送る際は、送り手と受け手との間に心理的に安全な関係性が築かれていなければなりません。具体的には、「あなたを批判するためではなく、成長してもらうためにフィードバックを送っている」というメッセージが相手に伝わる必要があります。

また、受け手を尊重し、礼儀正しく伝えることも重要です。他の同僚の前で恥をかかせるようなフィードバックの送り方は決してしてはいけません。必ず、一対一の状況を確保した上でフィードバックを送りましょう。

❷リアルタイムに伝える

フィードバックは、直ちに伝える必要があります。何かアクションを起こした直後にフィードバックを送ることで、しっかりと受け手に伝わり、行動に変化が現れます。

何カ月間も前の事象に対してフィードバックを送ったとしても、アクションを起こした際に生じた「感情」や「周囲への影響」が忘れ去られてしまっているため、意味を成しません。また、何週間・何カ月前のアクションに対するフィードバックは、過去のことを掘り返しているような印象を与え、相手に不快な思いをさせる可能性も高いです。

❸ときには「耳の痛いこと」も伝える

良い点、改善点について正直に伝えるのがフィードバックのスタンスです。

ただ、良い点ばかりを指摘しても成長は望めません。受け手にとって耳の痛い話も伝えるからこそ成長が望めます。

しかし、だからといって改善点ばかりを指摘したら、受け手を傷つけてしまうことになりかねません。良い点、改善点のバランスをとることが大切なのです。

目安としては、良い点7、改善点3、という感じでしょうか。

最初に良かった点を伝え、その後に改善点を指摘することで、フィードバックによって受け手が傷つくことを防ぐことができます。

3 ― フィードバックの質と量を担保する仕組みを構築すること

ここまでお話ししてきたような効果的なフィードバックを実践するには、それを運用するための仕組みや制度が必要です。そのためには、以下の4点が重要になります。

❶事実情報を集める仕組みをつくる

マネージャー任せにせず、フィードバックに活用できるような「事実情報」を集める仕組みを、制度としてつくることが大切です。

以下のような手段のうち、自社に合った方法を組み合わせるとよいでしょう。

■メンバーに「やったこと・わかったこと」を書いてもらうセルフフィードバックを実施する
■1on1のログを残せるシートを用意し、話した内容を記録しておく
■360度フィードバックを行い、マネージャー以外からもメンバーの事実情報を収集する

❷フィードバックの送り手（評価者）のスキルを高める

前述した通り、フィードバックにおいてはその「質」が非常に重要になります。これまでの行動を振り返り、良い点・改善点について具体的にフィードバックができるよう、フィードバックの送り手側のスキルを高めましょう。

フィードバックの送り手となる機会が多いマネージャー同士で模擬フィードバックを行うなど、スキル向上を目的とした研修を取り入れてみるのもよいかもしれません。

❸フィードバックの機会を増やす

フィードバックはなるべくリアルタイムに伝える必要があります。例えば、年に一度や半年に一度の人事評価面談だけでは不十分です。

したがって、評価のサイクルそのものを四半期に一度に上げる、もしくは人事評価とは別に月に一度の360度フィードバックを実施するなど、フィードバックを受けることができる機会を増やすようにしましょう。

最近では、常時フィードバックを送り合える「リアルタイムフィードバック」の仕組みを設けている企業も珍しくはありません。

❹人事評価に自社のあるべき姿を反映させ、適切な項目数を設定する

質の高いフィードバックを実践するためには、人事評価制度の在り方にも気を配る必要があります。

人事評価の目的は、会社が考える「あるべき姿」にメンバーを近づけ、企業の競争力にすることです。組織の実態と評価項目との間に齟齬《そご》があると、メンバーのモチベーションを下げてしまいます。行動規範（バリュー）や求めるスキルなどを評価項目に反映することで、正しい方向にパフォーマンスを発揮してもらうことができます。

また、評価項目の数が多すぎても、一つひとつの評価フィードバックが薄くなってしまいがちです。項目は必要最低限にして、より内容の濃いフィードバックを心がけましょう。

とくに人事評価制度は、メンバーの「ヘイト（不満）」が集まりやすい領域です。エンゲージメントを高めてパフォーマンスを向上させるためにも、メンバーの納得度が高い「評価の仕組み」をつくる必要があります。

フィードバックの事例

フィードバックの先進的な運用を行っている事例を3社紹介します。

株式会社
フィードフォース

「レイティングをしない」成長支援を軸に置く評価制度

株式会社フィードフォースでは、自社オリジナルの「ノーレイティング」の評価制度「Navigator」を2018年から運用しています。

その背景としては、従来の評価制度に対する次のような課題感がありました。

仕事の成果が出るタイミングと、評価のタイミングがずれる

■評価基準がマネージャーのブラックボックスになりがち
■抱える部下の人数の多いマネージャーの負担が大きい
■

そこで新制度Navigatorにおいては、まずは職種ごとのキャリアパス・等級定義を作成し、評価基準を明確に［図表20］。また、それぞれの等級ごとの年収レンジを定め、社内に公開しました。このキャリアパスは、定期的に更新が行われています。

そして、マネージャーはメンバーと定期的に1on1を実施し、成長支援とフィードバックを行います。評価基準がキャリアパスと一致しているため、メンバーは自身に足りないスキルや新しく挑戦するべきことが明確にわかり、かつマネージャーは具体的な成長のサポートをしやすい形になっています。

昇級審査に関しては、マネージャーからの推薦、もしくは自己推薦により、毎月受けることができます。具体的には、社長・役員・直属のマネージャーを含めた5名に対して、該当メンバーが自分の成果をプレゼンする形式で実施されます。昇級すると、翌月から新

〔図表20〕評価基準のイメージ

等級	ジュニア	メンバー	シニア	エキスパート
給与レンジ	○○万円〜 ○○万円	○○万円〜 ○○万円	○○万円〜 ○○万円	○○万円〜 ○○万円
イメージ	教えてもらいながら仕事ができる	ひとり立ち。セルフマネジメントできる	抽象度の高い仕事ができ、チーム全体への影響力を持つ	他のプロダクトへの成功体験の展開や、自社のブランディングに貢献する対外的な活動ができる
期待する役割	営業活動の土台づくり メンバー・シニアが不在時のフォロー	成果をより高めることに目を向ける	バリューチェーン全体のスループットの向上	難易度の高い案件受注に再現性をもたせる エバンジェリストの活動
求められるスキルセット	サービス理解 上位メンバーのサポートの元で営業活動	営業活動の計画と実行 顧客ビジネスモデルの理解 初歩的なデータ分析	関係性構築のためのコミュニケーションスキルデータに基づいたアプローチ・フォロー	顧客のシステム理解 他サービスとの連携交渉 データ分析から戦略起案
望ましいコンピテンシー	吸収力 自発的なコミュニケーション 素直さ	現状理解 自ら考えて業務改善までを実行 的確な優先度づけ	強い責任感 チーム全体のスループットを考える視野 周囲を巻き込んだ課題解決	幅広い情報収集力 成長促進 戦略性 分析思考

出典：株式会社フィードフォース『株式会社フィードフォースにおける評価基準のイメージ』
（同社提供の情報を元に、一部を簡略化して作成。実際の評価基準とは異なります）

しい等級の給与が反映されます。加えて、半年に一度、全社員一律・同額での定期昇給があります。審査の結果昇級できなかった場合も、何が不足していたかの詳細なフィードバックが行われます。

このようにNavigatorは、評価する側のマネージャー・される側のメンバー共に納得感があり、かつ成長支援もしやすい人事評価制度となっています。

「立候補制」の職位制度が個人を後押し

GMOペパボ株式会社

ハンドメイドマーケット「minne（ミンネ）」をはじめとする4つの事業と、約100名のエンジニアを有する、GMOペパボ株式会社では、2012年より「立候補制」を取り入れたエンジニアの職位制度を運用しています。

具体的には、8段階あるグレードの4〜6等級について、立候補者に対する昇格審査を半期に一度実施。ベースとなる評価基準をクリアした場合、上位グレードへの立候補が可能です［図表21］。

エンジニアの職位制度においては、専門性・技術力の評価はもちろん、技術をリードしてマネジメントを担っていく「エンジニアリングマネージャー」としてのキャリアパスも設けていることが特徴です。

審査においては、立候補者が「自分がこの職位に値する理由」を説明する資料を作成し、集団面談に臨みます。面談でのディスカッションを通じて「立候補した職位に相応しい」と認められると、昇格する仕組みです。

この制度の背景には、「立候補制にすることで、エンジニア自ら、課題設定や行動の価値を判断してほしい」という思いがあるそうです。その価値判断を促すため、立候補資料や面談の講評など、すべての情報をオープンにしているといいます。

※本制度は2021年4月時点のものであり、現在は変更されている可能性があります。

〔図表21〕新報酬制度

	プロフェッショナル	マネジメント	報酬
	技術担当取締役(=CTO antipop)		GMOインターネットグループ格付け基準と報酬額に準ずる
8等級	技術担当執行役員(=VPoE hsbt)		
7等級	チーフエンジニア		
6等級	シニアプリンシパル	シニアエンジニアリングリード(SEL)	900万〜
5等級	プリンシパル		800万〜
4等級	シニア	エンジニアリングリード(EL)	700万〜
3等級	アドバイザー		530万〜
2等級	アソシエイト		
1等級	ルーキー		

参考資料
・2020年7月新報酬制度(全社共有用)
・エンジニアリングマネジメント体制のアップデート

出典:GMOペパボ株式会社『GMOペパボ株式会社のエンジニア職位制度』
(同社提供の情報を元に作成)

信頼関係と公平性を重視したフィードバックの仕組み

株式会社ユーザベース

「経済情報で、世界を変える」というミッションのもと、グローバルに事業を拡大する株式会社ユーザベース。同社では、より強く、自走・自律する組織を目指し、コミュニケーションによる信頼関係の構築と、公平性を重視した独自のフィードバックシステムを設計しています。

このシステムにおいては、一人ひとりがなりたい姿、達成したい目標を決めるOKRとゴール設定（GS）を行います。そして、自身の現在地を確認するために、リーダーとの1on1を多い人では週1回〜で行います。そして最終的には、360度フィードバックとして一緒に仕事をしたメンバーからもコメントをもらい、自己認識と他者認識にギャップがないかを確認します。

〔図表22〕オープンコミュニケーションによる
GS／FBのPDCAサイクル

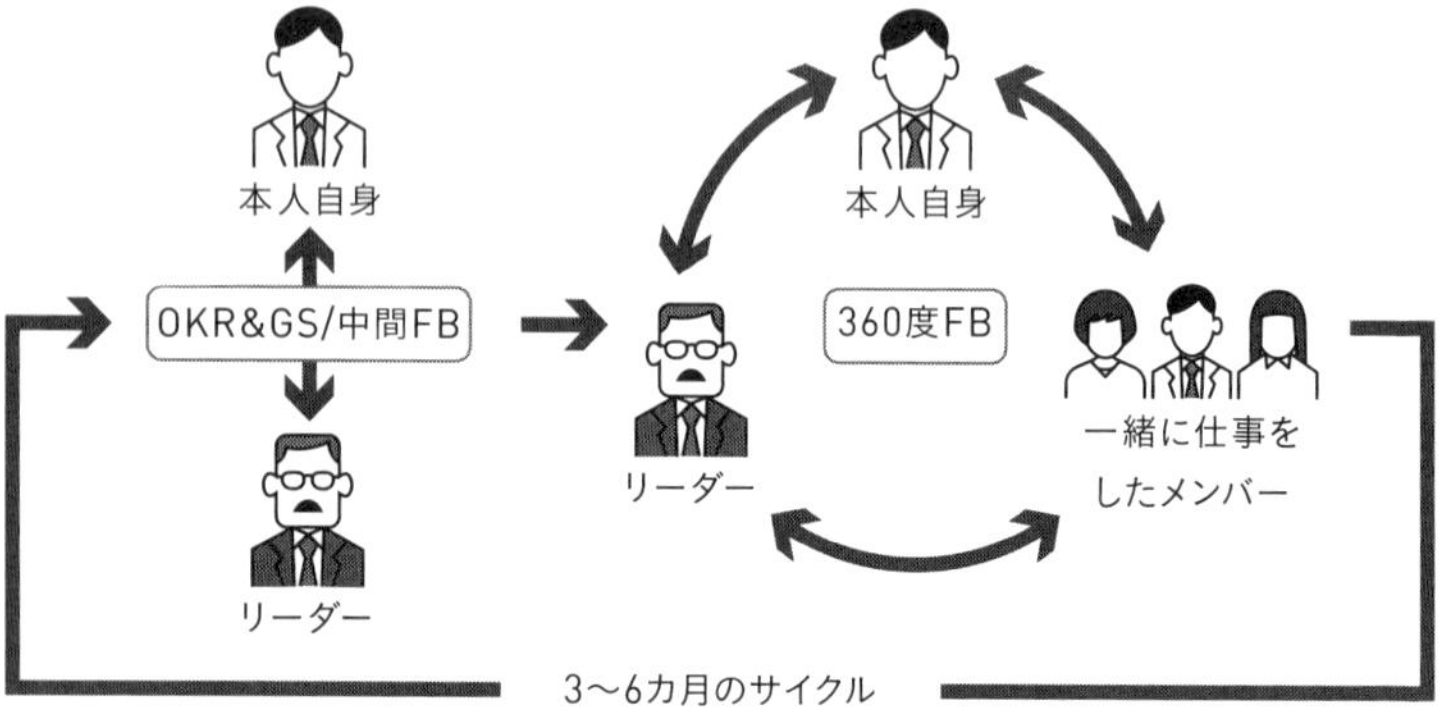

出典：株式会社ユーザベース『株式会社ユーザベースの評価サイクル』
（同社提供の情報を元に作成）

この偏りのないフィードバックが、評価の軸となります。

また、同社の評価・報酬システムにおいてはタイトル［図表22・23］と給与がリンクしており、給与の金額や、昇格・降格基準が社内向けにオープンに開示されています。このように透明性を担保することで、一人ひとりが判断軸を持つことができます。

〔図表23〕株式会社ユーザベースの等級制度

<table>
<tr><td rowspan="3">Officer</td><td colspan="6">代表取締役</td></tr>
<tr><td colspan="6">取締役</td></tr>
<tr><td colspan="3">執行役員</td><td colspan="3">専門役員</td></tr>
<tr><td rowspan="2">Leader & Professional ※管理監督者</td><td>L7</td><td colspan="2">会社や事業のアップサイドを生み出す事業ビジョンを描ける組織を成長させ、描いた事業ビジョンを実現できるリーダー</td><td>P7</td><td colspan="2">代替不能なEdgeにより事業戦略のアップサイドを生み出せる新たな技術的なビジョンを描いて世の中に示していける専門家</td></tr>
<tr><td>L6</td><td colspan="2">事業戦略に基づいて担当領域のチームビジョンを描けるチームを成長させ、描いたチームビジョンを実現できるリーダー</td><td>P6</td><td colspan="2">代替不能なEdgeによりチームのアップサイドを生み出せる技術的なビジョンを描いてチームを成長させられる専門家</td></tr>
<tr><td rowspan="5">Member & Junior Member</td><td>M5</td><td>preL</td><td>担当領域のチームビジョンを代弁して浸透させられるチームを維持し、責務を確実に遂行できるリーダー見習い</td><td colspan="2">preP</td><td>Edgeによりチームの課題を確実に解決できる
恒常的に自らのスキルマップを広げていける専門家見習い</td></tr>
<tr><td>M4</td><td colspan="5">担当領域をドライブでき、リスク管理・察知して上長に適切に報告できるシニア担当</td></tr>
<tr><td>M3</td><td colspan="5">指示されたタスクに責任を持ち、一人で遂行できる担当</td></tr>
<tr><td>J2</td><td colspan="5">一つひとつのタスク・行動に指導を受けて仕事をする担当見習い</td></tr>
<tr><td>J1</td><td colspan="5">会社のことを学び、これから専門性を見つけて、ユーザベースで働くことに挑戦していく社員見習い</td></tr>
</table>

出典：株式会社ユーザベース『株式会社ユーザベースの等級制度』（2020年12月末時点）
（同社提供の情報を元に作成）

第6章のまとめとチェックポイント

ピープルマネジメントにおけるフィードバックとは、成長をサポートしたい相手に対し、その人のパフォーマンスの良し悪しを伝え、成長につなげることを指す。

■旧来の「人事評価面談」における評価結果の伝達だけでは、フィードバックとしては不十分。

■適切なフィードバックを行えば、一人ひとりが自身の状態を把握し、行動を修正することができる。それによってメンバーのパフォーマンスやエンゲージメント、チームワークの改善につながる。

■フィードバックの運用においては、「印象論ではなく、事実情報に基づいた質の高いフィードバックを行うこと」「相手の成長につながるフィードバックを行うこと」「フィードバックの質と量を担保する仕組みを構築すること」が重要。

エピローグ

ピープルマネジメントを導入、実践して3年が経過したリペアフルーツ社。今は3年前の危機的状況から一変し、再び成長を遂げている。業績の回復と離職率の低下を実現させ、持続的成長に向けて邁進中だ。

今期の売上は対前年比125％増の25億円の見通し。従業員は300名に増えた。「修理宅配便．com」の事業は好調に推移し、新たなサービスを展開するなど躍進が続く。

これらの成果の土台はピープルマネジメントの定着にあることは言うまでもないだろう。

リペアフルーツ社では3つのイベント——目標設定、1on1、フィードバックのマネジメントサイクルが高頻度の周期で回っている。

もともと年1回だった目標設定は四半期ごとになった。マネージャーとメンバーの面談も年1回だったが、今は1on1が2週間に一度行われている。1on1の場では目標の進捗について対話しながら支援するのが当たり前になっている。フィードバックも年1回から月1回のペースに変わり、メンバーの評価に対する納得感は高い。

海外企業ではマネジメント改革の手段としてピープルマネジメントが早くから一般的になっているが、今や日本でも広く認知されて導入、運用を進める企業は後を絶たない。リペアフルーツ社はその成功事例の筆頭として脚光を浴びるようになった。桃井はテレビ番組やビジネス誌に取り上げられるなどメディアへの露出も増えている。

「桃井社長、この前テレビに出ていましたね」

社員たちはみんな、桃井に気軽に声をかける。ピープルマネジメントを実践する流れの中でフラットな組織形態へと切り替え、経営陣と社員たちとの距離が近くなったからだ。社内は活気に溢れ、前向きに仕事に取り組む姿があちこちで見られる。

エース級の人材に成長

リペアフルーツ社の経営陣、マネージャーはこの3年でどのように変わったのだろうか。3人のその後を見てみよう。

一人目は、新マネージャーとして現場でピープルマネジメントを推進していく役割を任された高梨。

それまでマネージャーの経験がなかったため、当初は戸惑いながらのスタートだった。マネージャーとしての立ち位置、仕事内容がよくわかっていなかったのかもしれない。しかし次第にその役回りを認識していった。マネジメント力が磨かれていき、チームのパフォーマンスも上がっていった。

「人に向き合うピープルマネジメントの仕組みによって、チームのパフォーマンスは上がるんだ」

高梨はそう強く実感し、マネジメントの大切さ、部下とのコミュニケーションの重要性を現場でまざまざと感じていた。

一方で、高梨の視座、考え方にも変化が起きていた。

会社の成長のために自分は何をすべきか。また、どうしたら一人ひとりの成功を支援し、活躍させることができるのか——というように、会社目線、マネージャー目線となり、思考も変わったのだ。

「以前は自分本位だったなあ」

と振り返る高梨。一回りも二回りも成長した姿を自身でも実感している。

高梨のマネジメント力は高まるばかり。社内では「高梨のマネジメントを受けてみたい」という声が多い。

現在、高梨は営業部の執行役員に就任し、リペアフルーツ社の未来を担う重要な立場となっている。

誰からも信頼されるマネージャー

二人目は、創業メンバーの一人である取締役営業本部長の渋柿。

3年前、ピープルマネジメントの導入に難色を示していた渋柿だが、営業部から人事部に異動し、今はまったく様変わりしている。

「組織にとって大事なのは人、すなわち従業員の皆さんです。人の成長が組織の成長につながるのです」

人事本部長の役職につき、ピープルマネジメントの旗振り役となった渋柿。かつて営業部本部長として、パワハラと受け取られかねないほど厳しく部下を叱咤激励していたのを知る社内の人間からは、「渋柿さん、変わったよね」と囁かれている。

しかし、渋柿自身はあまり変化を感じていない。

もともと面倒見がいい性格で、ついキツイことを言ってしまったこともあった。でもそれは部下を思ってのこと。昔も今も人が好きなのは変わらない。

人事部は人の採用や教育をメインに行う。本部長として人事部員をまとめ、教育するのも業務のひとつだ。

「採用、教育した社員が、仕事を通じて成長していく姿を見るのが何より嬉しい」

こうほくそ笑む渋柿。渋柿の力も組織には欠かせないものである。

三人目は、戦略人事部長としてピープルマネジメント導入の陣頭指揮をとった梅宮。

梅宮はもうリペアフルーツ社にはいない。約1年前に退職し、代わりに渋柿が人事部へと異動になっている。

3年前、梅宮はヘッドハンティングされてリペアフルーツ社に入社した。マネジメント変革やピープルマネジメントの実践経験があったからだ。早速、マネジメント変革を一任され、ピープルマネジメントを根付かせるために奔走。新たな取り組みについて何度も各部でアナウンスし、実践でのサポートにも精力を注いだ。そのかいあってピープルマネジメントが定着し、再び成長を加速させることができたのだった。

リペアフルーツ社にとって救世主といえる梅宮。

「私の役目は終わりました」

そう口にして、梅宮は自ら会社を去ったという。

梅宮が今どこで働いているかは詳しくはわからない。ただ噂では、経営難に陥っているベンチャー企業で同様にマネジメント変革を担うポジションにいるらしい。きっとその会社でも救世主となることだろう。

結局、人が成長して事業も成功する

マネジメント変革をピープルマネジメントで実現し、復活を遂げたリペアフルーツ社。3年前、トップとしてピープルマネジメントの導入を決めた桃井は、「あのとき、決断して本当によかった」と振り返る。

「もし決断していなかったら、うちの会社はどうなっていたか……」

その答えは誰にもわからないが、もっと厳しい経営状態に陥っていたはずだ。

ピープルマネジメントの定着で業績回復し、離職率低下で成長が再び加速したことから、桃井は改めて「企業にとって人は競争力の源泉である」という思いを強くした。

「業績低迷は人＝社員のパワーを活かし切れていなかった証。パワーを活かせるようになったのは、ピープルマネジメントでみんなのマインドが変わったからだろう」

桃井はそう強く感じている。

桃井自身、この3年でマインドが大きく変化した。

もともと事業の成長に関心が高く、人の大切さも理解していたものの、事業と組織の運営は別ものと捉え、組織戦略の思考はあまり持ち合わせていなかった。

それが先輩経営者栗田の助言や、梅宮との出会いでピープルマネジメントの仕組みを知り、桃井の思いに変化が生じ始めた。やがて事業と組織の運営は別ものでないと認識し、マネジメント変革を決断したのだ。

実際にマネジメント変革を進め、ピープルマネジメントの成果が出てからは、その思いはより強くなった。

「事業と組織は一枚岩で、どちらも戦略を立てて臨む必要がある」

「ピープルマネジメントによって人に寄り添うことの大切さを改めて痛感し、従業員一人ひとりの成功にコミットすることが会社の成長につながることに確信を持てた」

二つの学びは桃井にとって貴重だった。

事業が成功すれば、人は自ずとついてくる――。かつてそんな思いがあったのも事実だ。しかし今はその思いは微塵もない。事業の成功が人を成長させるわけではない。人の成長が事業の成功につながっているのである。

ピープルマネジメントはこれからも続く

桃井は今夜、先輩経営者栗田と会う約束をしている。栗田から「相談に乗ってほしい」と言われたからだ。一杯飲みながら話そうということで、経営者の会合後に二人でよく行っていた居酒屋を指定された。最近は忙しく、経営者の会合へは足が遠のいているため、栗田と会うのも久しぶりとなる。

仕事を終えて居酒屋に行くと、栗田はすでに来ていて、いつもの笑顔で迎えてくれた。ビールで乾杯し、ひとしきり互いの近況を報告。桃井の活躍ぶりを知り、

「すごいなあ」

と賛辞の言葉を連発する栗田。メディアで取り上げられているのである程度知っていたが、改めて本人から聞いても感嘆するばかりだった。

桃井はいえいえと謙遜し、本題に移る。

「ところで相談って何ですか?」

「実は、ピープルマネジメントのことなんだ。うちは1on1を導入して成果が出ていたんだけど、最近は形骸化してきてさ。やり方を見直そうと思ってて、そのアドバイスをお願いしたいなあと。あと、目標設定やフィードバックについても運用のコツを教えてほしくて」

「わかりました。もちろん、OKですよ」

桃井は快く承諾し、経験を踏まえて語った。

「いつのまにか、俺のほうが相談する立場になっている」

「そうですね」

二人はともに笑った。

すべては栗田の助言から始まった。栗田への感謝を生涯忘れないと心に誓う桃井。と、ここで桃井からサプライズ報告が。

「おかげさまで上場も視野に入ってきました！」

栗田は驚きつつ、

「あっという間に追い越されちゃいそうだな」

と本音をぽろり。その言葉どおり、リペアフルーツ社の上場の日はそう遠くないだろう。

おわりに

マネジメントのあり方は一定ではありません。時代や環境の変化に伴ってゲームチェンジが起こり、それに応じてマネジメントのあるべき姿も変化を余儀なくされます。厳しい言葉でいえば、マネジメント変革しなければ企業は競争力を失い、生き残れなくなってしまうのです。

2020年以降の新型コロナウイルスの影響により、世界中の企業が組織のマネジメントに苦慮していると思います。

日本の企業ではテレワークの導入が一気に加速しました。満員電車に揺られ、会社に行って仕事をすることが当たり前だった日常が、会社以外の場所をオフィスとして仕事に取り組めるようになりました。

通勤から解放されたのは大きな喜びだったはずです。

ただその一方、リモート環境下でのマネジメントには頭を悩ませたマネージャーの方が多数いるのではないでしょうか。

今後、どんなゲームチェンジが起こるかは誰にも予測はつきません。であるなら、その前提でマネジメントのあり方も考えなければならないでしょう。

つまり、どのような変化にも柔軟に対応し、組織を持続的な成長へと導くマネジメントが必要になります。

それが、本書のテーマである「ピープルマネジメント」です。

ピープルマネジメントは「マネジメントの最強の仕組み」といえるのです。

本書の執筆においては、従業員のパフォーマンスとエンゲージメントを最大化するツールである「Wistant（ウィスタント）」を運営する中で得た知見を活用しています。Wistantはこれまで350社以上のクライアントにご利用いただき、大変好評いただいております。

私事ではありますが、2021年4月に、運営元であったRELATIONS株式会社よりWistant事業をMBOする形で、株式会社フルートを立ち上げました。

今後は、より多くの企業にピープルマネジメントを広めていくために、誠心誠意努力をして参ります。

2021年6月

株式会社フルート代表取締役　菊池 裕太

自律型組織《じりつがたそしき》をつくるマネジメント変革《へんかく》

2021年7月28日　初版第1刷

———菊池裕太《きくちゆうた》

————松島一樹

—————現代書林

〒162-0053　東京都新宿区原町3-61　桂ビル

TEL／代表　03（3205）8384

振替00140-7-42905

http://www.gendaishorin.co.jp/

デザイン————小口翔平＋加瀬梓＋阿部早紀子（tobufune）

図　　版————松尾容巳子

事例提供————デジタル人材のためのメディア「SELECK」

執筆協力————加留部有哉

執筆協力————兒玉容子

印刷・製本　㈱シナノパブリッシングプレス

乱丁・落丁本はお取り替えいたします。

定価はカバーに表示してあります。

ISBN978-4-7745-1904-3 C0034